Pour Alex,
dont les conseils m'ont
si souvent inspirée.
     Estelle
          A Nanterre,
               20 mai 2013.

LITTÉRATURE, HISTOIRE, POLITIQUE
sous la direction de Catherine Coquio,
Lucie Campos et Emmanuel Bouju

6

Paroles mélodisées

Ce volume paraît sous la responsabilité éditoriale de Catherine Coquio.

Ouvrage publié avec le soutien de la Société française d'ethnomusicologie,
du Centre de recherche en ethnomusicologie (CREM-LESC/CNRS),
et de l'université Paris Ouest – Nanterre – La Défense

Estelle Amy de la Bretèque

Paroles mélodisées

Récits épiques et lamentations chez les Yézidis d'Arménie

PARIS
CLASSIQUES GARNIER
2013

Estelle Amy de la Bretèque est anthropologue et ethnomusicologue. Elle est l'auteur de nombreux articles sur les traditions vocales du Caucase et du Moyen-Orient, où elle effectue des recherches depuis 2001. Grâce à une bourse de la Fondation pour la science et la technologie (Portugal), elle mène actuellement des recherches au sein de l'institut d'ethnomusicologie de Lisbonne (INET/MD-FCSH/UNL).

ISBN 978-2-8124-0787-1 (livre broché)
ISBN 978-2-8124-1091-8 (livre relié)
ISSN 2259-9479

Arménie, 1999, Kurdes Yézidis, © Christophe Kebabdjian.

AVANT-PROPOS

Cet ouvrage porte sur les mécanismes de construction des figures mémorables et exemplaires de la communauté yézidie d'Arménie. Il montre comment une modalité particulière de la narration les constitue. Analysant le rôle de cette manière spécifique d'utiliser le langage, ce livre s'attache à décrire, dans les interactions rituelles et quotidiennes, les usages de la parole mélodisée. Cette dernière est en effet à la fois constitutive de ces grandes figures et enracinée dans un quotidien pragmatique. Ce que j'appelle parole mélodisée est une manière d'utiliser la voix où l'intonation normale de la parole se voit remplacée par des contours mélodiques. Les mots énoncés y prennent une allure beaucoup plus poétique et métaphorique (mais ne se plient pas pour autant à un mètre ou à des schémas rythmiques précis). Pour une oreille européenne, cette manière d'utiliser la voix ressemble à s'y méprendre à du chant. Mais pour les Yezidis, elle est avant tout de la parole et ne participe pas de ce que eux-mêmes nomment du chant. En suivant ce type d'énonciation (la parole mélodisée), le livre révèle des modalités culturelles de gestion des émotions, en particulier des émotions liées au deuil, au sacrifice de soi, à l'exil et à la nostalgie.

Les Yézidis sont un groupe kurdophone partageant une religion commune, le Yézidisme. Ils vivent aujourd'hui majoritairement en Irak, en Géorgie et en Arménie. Mon premier séjour dans la communauté yézidie d'Arménie remonte au mois d'avril de l'année 2006. Ma rencontre fortuite avec Cemile Avdalyan, infirmière du village d'Alagyaz, a déterminé mon choix pour une étude centrée sur les villages de sa région : Aparan. Entre 2006 et 2010 j'effectuais des séjours répétés dans ces villages (et plus occasionnellement dans les villages de la région d'Hoktemberian et Talin) représentant au total près d'un an et demi de terrain. Dès le premier séjour, je pus me rendre compte que la parole mélodisée était très présente dans le quotidien yézidi. Toujours liée à des sentiments tristes, la parole mélodisée est énoncée non seulement en contexte rituel, mais aussi au détour d'une phrase dans les conversations quotidiennes. Elle est le fait des femmes, mais aussi des hommes. Certains parmi ces derniers deviennent des spécialistes, occasionnellement rémunérés pour dire des lamentations dans les enterrements ou les enregistrer dans les studios d'Érévan. En kurde, la parole mélodisée est appelée *kilamê ser,* c'est-à-dire, littéralement : « parole sur… ». Il y a ainsi des « paroles sur le mort », des « paroles sur l'exil », des « paroles sur le héros »…

Le Yézidisme est une religion syncrétique qui dérive probablement d'un ancien culte iranien proche du zoroastrisme et qui comporte de nombreux points communs notamment avec l'islam, la chrétienté et le gnosticisme. Contrairement aux cultes aujourd'hui majoritaires dans la région, le Yézidisme n'a pas de texte saint. Les Yézidis croient en un Dieu unique, secondé par sept anges principaux qui se réincarnent périodiquement. La communauté yézidie est organisée en trois groupes héréditaires et endogames : deux groupes de religieux (les *šêx* et les *pîr*) et un groupe de disciples (les *mirîd*). Par leurs convictions religieuses comme par leur organisation sociale, les Yézidis forment une communauté bien distincte dans la région. Dans les villages où j'ai travaillé en Arménie, les Yézidis se sentaient liés aux Kurdes (de Turquie, d'Iran ou d'Irak) par le fait qu'ils étaient eux-mêmes kurdophones, mais aussi aux Arméniens, par l'idée d'un destin partagé puisqu'ils gardaient la mémoire encore présente d'un exil d'Anatolie dont la dernière vague remonte à la première guerre mondiale.

Ce livre est une version remaniée de ma thèse de doctorat (Amy de la Bretèque 2010). Je n'aurais sans doute pas pu mener à bien cette recherche sans l'aide de Christine Allison. Je lui dois les premiers contacts sur le terrain. Nous eûmes par la suite de fréquentes discussions, très enrichissantes, sur les Yézidis d'Arménie ainsi que sur leur tradition orale. Les longs débats écrits et oraux que j'eus avec Alexandra Pillen m'ont également été précieux. Plusieurs des arguments théoriques que j'ai développés dans cet ouvrage ont pris forme, de manière dialectique, dans ces échanges. Je dois une partie de ma motivation à la réalisation de ce travail à l'attention que Claire Mouradian a portée à ces recherches. Lors de nos discussions, sa générosité chaleureuse a toujours été très stimulante. Le séminaire qu'elle dirige sur le Caucase (EHESS-CNRS 8083) a été un lieu d'échanges importants. Les discussions avec Philip

G. Kreyenbroek, Khanna Omerxalî, Eszter Spät, Nahro Zagros, Emerîk Serdar et Mraz Cemal ont été très bénéfiques à ma connaissance de la religion, de l'histoire et de la culture yézidies. Les échanges avec Metin Yükcel et Ergin Opengin sur la langue kurde ont également été très formateurs, et ceux avec Yiannis Kanakis ont considérablement enrichi mes connaissances géopolitiques et historiques de la région.

Pendant la durée de ma thèse, j'ai bénéficié de l'effervescence intellectuelle du laboratoire d'ethnologie et de sociologie comparative (LESC CNRS UMR 7186), du centre de recherche en ethnomusicologie (CREM-LESC CNRS UMR 7186) et du groupe de recherches en ethnopoétique (GDR 3068). Les échanges avec Raymond Jamous et Rosalia Martinez, qui ont suivi l'ensemble de la rédaction de cette thèse, m'ont été particulièrement profitables. Lors des séminaires et réunions de travail, j'eus des discussions importantes avec Bernard Lortat-Jacob, Nicolas Prévot, Hélène Delaporte, Eckehard Pistrick, Filippo Bonini-Baraldi, Magali Deruyter, Carole Boidin, Tristan Mauffrey, Hatouma Sako et Roberto Limentari.

Après la soutenance de ma thèse, le travail de réécriture de l'ouvrage a bénéficié de l'atmosphère dynamique de l'institut de recherches en ethnomusicologie de Lisbonne (INET-MD). Le soutien chaleureux de sa directrice, Salwa El-Shawan Castelo-Branco, m'a été particulièrement cher. Les conseils avisés et les relectures méticuleuses de Catherine Coquio ont constitué une aide précieuse à l'élaboration de l'ouvrage. Je la remercie pour l'intérêt qu'elle a porté à ce travail et pour la confiance qu'elle m'a accordée.

Depuis le début de ces recherches, je bénéficiai du soutien actif d'Isabelle Masson, Marion et Aurélien Lebreton, Anna Mkhikyan, Mariné Galstyan, Laura Mkhikyan, Nure et Seda Serdar, Marie-Pierre et Jean Baptiste Amy de la Bretèque, Méliné Kapamadjian, Julie Sauret, Gilles Delebarre, Damien Philipiddis, Frédérique Darros, Laurence Fayet, Annie Epelboin, Charlotte Amy de la Bretèque et de Geneviève et Alain Amy de la Bretèque. Enfin, ce livre n'aurait pas existé sans l'enthousiasme, les encouragements et la générosité de Victor A. Stoichiță. Qu'ils en soient tous remerciés.

DOCUMENTS

Cet ouvrage a été conçu en relation étroite avec une interface multimédia hébergée sur le site de la société française d'ethnomusicologie présentant des documents vidéo et audio commentés et sous-titrés. Une part importante du travail a consisté, en effet, à recueillir des matériaux documentant ce mode d'énonciation encore méconnu. Dans l'ensemble, j'ai choisi d'en présenter de larges extraits, dans l'espoir qu'ils pourront s'avérer utiles à d'autres recherches.

Les documents sont consultables à l'adresse *www.ethnomusicologie.fr/ parolesmelodisees*. Ils sont référencés dans le texte sous le sigle « doc. » et sont numérotés selon leur ordre d'apparition. Un index des documents multimédia est disponible à la fin de l'ouvrage.

CONVENTIONS LINGUISTIQUES

Les Yézidis d'Arménie sont tous bilingues. Ils parlent le kurde *kurmanji* et l'arménien. La majorité d'entre eux ajoute à ces deux premières langues une troisième, le russe. En contexte villageois, les conversations de la vie quotidienne ont lieu avant tout en kurde. Dans les villages à peuplement mixte (Arméniens et Yézidis), l'arménien est également employé dans le contexte quotidien. L'intelligentsia yézidie d'Érévan (ou de Tbilissi) affectionne particulièrement le russe, langue liée au statut de lettré durant la période soviétique.

Les conversations rapportées dans cette étude ont été traduites en français à partir du kurde, du russe et plus rarement de l'arménien. Le texte original est rapporté en notes de bas de page. Les mots des « paroles sur » et des « chants » sont cités sous forme de tableaux comprenant à gauche le français et à droite le kurde. Dans l'ensemble, ces traductions tendent à être aussi proches que possible du sens littéral. Dans certains cas cependant, j'ai opté pour une version un peu plus imagée afin de tenter de faire apparaître l'aspect littéraire et poétique de ces paroles. Les traductions sont les miennes, mais elles ont bénéficié des conseils experts d'Emerîk Serdar, de son épouse Seda et de sa fille Nure avec lesquels j'ai longuement discuté de chacune d'entre elles. Les commentaires qu'ils m'ont apportés ont enrichi considérablement mes traductions, notamment en ce qui concerne l'épaisseur poétique et les images évoquées. Nos discussions et nos échanges de mails à ce sujet se sont déroulés en russe : passer par une troisième langue a permis de corriger les contresens, d'éclaircir certaines images et de mieux comprendre la richesse poétique des « paroles sur ». Les erreurs et inexactitudes qui seraient restées dans ces lignes me sont bien sûr entièrement imputables.

J'ai adopté la transcription kurde en alphabet latin (plutôt que cyrillique) afin de ménager le lecteur français, mais aussi parce que, depuis l'indépendance de l'Arménie, c'est cet alphabet qui est employé pour l'enseignement du kurde dans les écoles. J'ai par ailleurs choisi d'orthographier les mots selon les règles enseignées dans les écoles kurdes de Transcaucasie. La différence essentielle avec l'orthographe des Kurdes de Turquie est l'emploi de l'apostrophe à l'intérieur des mots pour marquer les consonnes aspirées.

GRAPHIE ET PHONÈMES
DU KURDE *KURMANJI*

Alphabet latin	Alphabet cyrillique	API	Prononciation (approximative)
A,a	А,а	[a :]	a
B,b	Б,б	[b]	b
C,c	Щ,щ	[ʤ]	dj
Ç,ç	Ч,ч	[ʧ]	tch
D,d	Д,д	[d]	d
E,e	Ə,ə	[æ]	è
Ê,ê	Е,е (ou) Э, э	[e]	é
F,f	Ф,ф	[f]	f
G,g	Г,г	[g]	g
H,h	h,h	[h]	h aspiré
I,i	Ь,ь	[ɯ]	entre « i » et « u »
Î,î	И,и	[i :]	i
J,j	Ж,ж	[ʒ]	j
K,k	К,k	[k]	k
L,l	Л,л	[l]	l
M,m	М,м	[m]	m
N,n	Н,н	[n]	n
O,o	О,о	[o]	o
P,p	П,п	[p]	p
Q,q	Q,q	[q]	q
R,r	Р,р	[r]	r « roulé »
S,s	С,с	[s]	s
Ş,ş	Ш,ш	[ʃ]	ch
T,t	Т,т	[t]	t
U,u	Ö,ö	[œ]	eu
Û,û	У,у	[u :]	ou
V,v	В,в	[v]	v

W,w	W,w	[w]	w comme en anglais
X,x	X,x	[x]	kh
Y,y	Й,й	[j]	y
Z,z	3,3	[z]	z

Les ouvrages sur les Yézidis publiés en langues occidentales (anglais, français et allemand notamment) utilisent de plus en plus fréquemment la graphie *Yezidi* pour se référer à cette communauté. La bibliographie fait aussi apparaître d'autres graphies telles : *Yezdi*, *Yezidiz*, *Yazdi* ou *Yazidi*. En kurde (alphabet latin), le mot s'écrit : *Êzdî*. J'ai adopté pour cette étude la graphie *Yézidi*, en francisant le mot (comme il est d'usage dans les ouvrages francophones) par un accent aigu sur le « e » et en accordant le mot au pluriel et au féminin.

La bibliographie sur les Yézidis de Transcaucasie est avant tout en russe à l'exception de quelques ouvrages en kurde et en arménien. Pour ne pas rompre la continuité du texte, la plupart des citations d'ouvrages en langue étrangère (kurde, russe, arménien, anglais, grec) sont données en traduction française. Je suis responsable de cette dernière, sauf lorsque la version française des livres est citée dans la bibliographie.

PREMIÈRE PARTIE

CHANTS DE HÉROS ET LAMENTATIONS

LE PLAISIR DE SOUFFRIR

Introduction

LE PATHÉTIQUE COMME SENS DE LA VIE

Une fois le café servi, dans le silence marqué par le filet d'eau coulant du robinet de l'évier et le piaillement des oiseaux nichant dans la toiture, l'invité de passage dans un village yézidi aura peut-être l'occasion d'entendre son hôte mélodiser le récit tragique de sa vie. Une possibilité d'autant plus probable si l'hôte est une femme âgée ! Toutes ont vu et vécu des malheurs. L'une a perdu un frère, l'autre n'a pas d'enfants, et une autre encore ne peut plus dormir depuis que son fils est parti en exil dans la « maudite Moscou ». Dans la communauté, la parole mélodisée est le mode privilégié d'énonciation de la tristesse et de la douleur. À la frontière entre musique et langage, ce registre particulier d'utilisation du sonore, que les Yézidis nomment *kilamê ser*[1] (littéralement : « paroles sur ») est présent dans des contextes rituels (telles les funérailles), mais peut l'être également au détour d'une phrase dans les conversations quotidiennes ou encore lors des veillées auprès du poêle. Retraçant hors des funérailles les faits héroïques des défunts, les paroles mélodisées se transforment alors petit à petit en épopées.

Mes recherches sur le deuil, les funérailles et l'exil m'ont portée successivement en Azerbaïdjan, en Turquie et dans la communauté

---

[1] Dans certains cas, les Yézidis préfèrent l'emploi du seul mot *kilam* (parole, discours) pour désigner les paroles mélodisées. Les deux exemples les plus fréquents sont *kilamê mêranîê* « paroles d'héroïsme » et *kilamê derda* « paroles de nostalgie profonde ». Mais comme la version avec « ser » est également possible, par soucis de clarté, j'emploierai toujours l'expression complète : *kilamê ser*. – Le mot kurde *kilam* vient de l'arabe *kalam* qui signifie discours ordonné ou encore rythmé, et désigne la prose ou la poésie (Reig 1983). Le sens en kurde est plus large et change selon les régions. Sur le sens de *kalam* chez les Kurdes *Ahl-e haqq* (fidèles de la vérité), voir Mir-Hosseini (1996 : 118).

yézidie d'Arménie. Au fur et à mesure que j'assistais à des cérémonies funèbres (et malgré leur diversité dans ces trois pays), que je discutais avec des femmes et des hommes en deuil, que je transcrivais les paroles et la musique de ces chants, il me semblait de plus en plus évident qu'ils ne répondaient pas à un besoin de catharsis, ni même à celui, plus complexe, de socialiser la mort par le rituel. Le mouvement semblait parfois inverse : il n'était pas rare que mes interlocuteurs assistent à un enterrement sans être endeuillés par leur histoire familiale, comme s'ils étaient en quête de peine. Se rendre à des funérailles n'est alors pas forcément lié au constat d'un deuil existant ou d'une peine éprouvée, mais c'est aussi la marque d'un désir de peine. Les funérailles sont un lieu et un moment de cristallisation de ce sentiment. Elles sont particulièrement importantes dans toutes les communautés que j'ai visitées, que l'on se sente proche ou non du défunt et de sa famille. Les rituels funéraires y sont envisagés comme un espace public, ouvert et accueillant, dans lequel chacun doit pouvoir vivre et actualiser ce sentiment de peine et de souffrance. La douleur vécue dans les enterrements est d'ailleurs multiple. Dans la communauté yézidie d'Arménie, c'est l'exil plus que la mort proprement dite qui constitue le pivot incontournable de cet éthos mélodisé. Ce goût pour l'expérience musicale et poétique de la douleur n'est pas limité au contexte funèbre. Narrant le destin tragique des héros épiques, la parole mélodisée (*kilamê ser*) cultive le plaisir musical de la souffrance lors des veillées (*diwan*) ou plus récemment dans les enregistrements réalisés en studio.

Les cas où la musique unit autour d'un sentiment de douleur partagée sont nombreux. On peut relever le *kaimos* (chagrin brûlant) dans la Grèce contemporaine (Lekkas 2004), le *derd* (douleur existentielle) au Moyen-Orient (Stokes 2010, Andrews 1984), la *mila* (la pitié, la compassion) chez les Tsiganes de Transylvanie (Bonini-Baraldi 2010a), le *duende* (extase de souffrance) des Gitans d'Andalousie (Pasqualino 2004), ou encore la *saudade* (nostalgie) dans le fado portugais (Lourenço 2004, Pais de Brito 2004). Largement représentés à une échelle régionale, les répertoires de la souffrance et de l'absence incarnent en musique et en poésie un sentiment vécu dans la chair au quotidien. Ces répertoires proposent une expérience esthétique de la souffrance. En prenant pour cas la parole mélodisée dans la communauté yézidie d'Arménie, cet ouvrage tentera d'éclairer la spécificité de ce rapport à la souffrance.

LA PEINE (*XEM*)
ET LA JOIE (*ŞABÛN*)

Les musiques des Yézidis sont avant tout vocales. Elles peuvent être jouées dans un contexte rituel (mariages, enterrements et fêtes calendaires) ou dans des circonstances plus quotidiennes : dans les cuisines, près du poêle, ou dans les pâturages estivaux (*zozan*). Les répertoires sont divisés en deux grandes catégories : les répertoires de la joie (*şabûn*) et ceux de la peine (*xem*). Les répertoires de la joie sont appelés *stran*, ceux de la peine *kilamê ser*.

> *Şabûn* : joie, gaieté, sentiment rayonnant, vif, dansant. Le mot se décline sous plusieurs formes : *şabûnî*, *şadî* ou encore *bi şadimanî*, joyeusement (littéralement avec joie)[1]. *Kêf* est un autre mot pour la joie, mais il est de moins en moins employé par les Yézidis d'Arménie en raison de son sens russe (*kayf* – кайф – est l'extase liée à la consommation de cocaïne).
>
> *Xem* : peine, tristesse, chagrin, sentiment de nostalgie profonde, d'affliction, de malheur. *Yê xemê* (ou *bi xemê*) est la forme adjectivale qui lui correspond[2]. *Xem* pour la peine ou la tristesse est l'un des nombreux mots qui qualifient les émotions tristes. Le mot *xerîb* (litt. exil), pourrait le remplacer, de même que *derd* (la douleur existentielle ou la nostalgie pesante), *dêran* (le malheur), *qurban* (le sacrifice), etc.

La polysémie est plus importante de côté de la peine que de la joie. Ceci concorde avec la richesse des expressions poétiques de la douleur dans la communauté yézidie. S'il existe plusieurs mots pour la peine et la joie, j'ai retenu l'opposition entre *xem* et *şabûn* car elle apparaissait de manière récurrente dans les conversations avec mes interlocuteurs. Pour les Yézidis de Transcaucasie, *xem* et *şabûn* sont associés à un ensemble de rituels, d'occasions, d'actions et de sentiments. *Xem* est aussi bien la peine, le deuil, la blessure, l'isolement, l'éloignement, l'exil (*xerîb*), l'absence, la perte, le sacrifice (*qurban*), le don de soi, et la fête des tombeaux (*roja mezela*). Quant à *Şabûn*, c'est aussi bien la joie, le soleil (*şems*),

---

1   D'après le *Dictionnaire kurde-russe*, Kurdoev, 1960.
2   *Ibid.*

les mariages (*dawat*), le foyer (*ocax/mal*), les fêtes calendaires telles *Roja Ezîd*[1] et *Xidirnebi*[2].

Les Yézidis réservent ainsi le mot chant (*stran*) aux répertoires liés à la fête et à la joie. Les répertoires de la peine et de la nostalgie sont appelés *kilamê ser*, littéralement « parole sur… » ou « parole à propos de… ». Cette distinction entre *stran* et *kilamê ser* concerne l'ensemble des répertoires, y compris les musiques instrumentales.

Deux types de hautbois constituent les principaux instruments : le *duduk* (également appelé *meya*) et le *zurna* (**Fig.** 1). Ceux-ci ne sont pas propres aux Yézidis, ils sont utilisés dans de nombreux répertoires dans tout le Moyen-Orient (et jusque dans les Balkans pour le *zurna*). Le *duduk* a une grosse anche, il joue dans un registre assez grave, tandis que le *zurna* a une petite anche et joue dans un registre plus aigu. Ils sont tous deux joués avec la technique du souffle continu. Les *duduk* sont souvent joués par paires : un *duduk* tient le bourdon, un autre joue la ligne mélodique. Quant au *zurna,* il n'est pas joué par paires, mais il est accompagné d'un *dohol*, tambour sur cadre biface joué avec deux baguettes (une baguette fine – *mevek* – pour la membrane du bas et une baguette large et courbée au bout – *çomax* – pour la membrane du dessus). Le *zurna* et le *dohol* sont les instruments de la fête, de la danse, ils sont présents dans tous les mariages. Le *duduk* est lui un instrument de l'affliction, présent notamment dans les funérailles.

Dans la communauté yézidie, le *duduk* et le *zurna*, sont chacun liés à une vocalité particulière. Le jeu du *zurna* est qualifié de « chant » (*stran*), tandis que celui du *duduk* est qualifié de « parole sur… » (*kilamê ser…*).

Les autres instruments, très peu utilisés aujourd'hui par les Yézidis de Transcaucasie, sont des flûtes (*bilûr*) jouées par les bergers, des tambours sur cadre (*daf*), une vièle à quatre cordes (*kamanşa*) et un luth à long manche (*saz*). Le synthétiseur a aussi fait son apparition, notamment dans les mariages.

---

1   *Roja Ezîd* ou *Roja Ezdiyan* (littéralement le jour des Yézidis) est célébré autour du solstice d'hiver. On y danse au son de *stran* joués au *zurna* et au *dohol*, ou, plus récemment, chantés par un chanteur professionnel accompagné d'un synthétiseur. Les *stran* au synthétiseur sont dans le style *rabiz* (style musical urbain devenu très populaire dans l'Arménie post-soviétique).

2   Célébré autour du 15 février, *Xidirnebi* est une fête carnavalesque lors de laquelle les hommes dansent masqués à la nuit tombante à travers tout le village, rendant visite à chacune des maisonnées.

FIG. 1 – En haut : *duduk* (a) et en bas : *zurna* (b).

ETHNOMUSICOLOGIE D'UNE PAROLE ENDEUILLÉE

La première partie de ce livre portera sur la construction de figures mémorables dans la communauté. Détachées du contexte funèbre, les paroles mélodisées à la mémoire de héros défunts deviennent petit à petit une forme culturelle autonome qui se répand au-delà du cercle familial ou villageois sous forme d'enregistrements (mp3 ou clips vidéo). Ces nouveaux supports de la parole mélodisée nous amèneront à replacer le champ émotionnel de la peine dans une échelle régionale (Caucase et Moyen-Orient), questionnant les dynamiques identitaires des Yézidis dans la période post-soviétique.

La deuxième partie de cet ouvrage portera sur les procédés poétiques et sonores de la parole mélodisée. L'analyse des voies musicales de l'émotion chez les Yézidis fait apparaître un apparent paradoxe : seule la joie est pensée en termes musicaux. L'expression mélodisée de la peine relève toujours, selon la typologie locale, de la parole : ce sont des *kilamê ser*, des « paroles sur » les morts, les héros, l'exil… Mais, si ces énonciations sont considérées comme des formes de parole, il est évident pour tous qu'elles ont quelque chose de particulier qui les distingue de la parole quotidienne (*axavtin*). Le contenu poétique et sémantique des *kilamê ser* est une première différence, mais la caractéristique la plus frappante est le changement de l'intonation normale de la voix en faveur d'un usage particulier des hauteurs. L'analyse de ces procédés énonciatifs (sémantiques et mélodiques) révélera les enjeux de la parole mélodisée en contexte rituel. En évoquant des personnes, des lieux et des affects, les *kilamê ser* y créent un espace imaginaire dans lequel chacun peut vivre les émotions de la peine.

Enfin, la troisième partie analysera tour à tour le sentiment d'exil, le sacrifice de soi, et le destin et l'héroïsme, en montrant comment ces sentiments, omniprésents dans les paroles mélodisées, deviennent des modes relationnels entre vivants, absents et défunts.

HISTOIRE DES DISCIPLES DE L'ANGE-PAON

L'ANGE-PAON ET LES FILS DE LA JARRE

Les Yézidis sont les adeptes du Yézidisme, un système religieux syncrétique présentant des points communs avec le zoroastrisme, l'islam, le christianisme et le gnosticisme. L'absence d'un livre saint les distingue clairement des grandes religions monothéistes, mais les rapproche d'autres groupes pratiquant des religions minoritaires au Proche et Moyen-Orient tels les Ahl-e haqq ou les Alévis. Le Yézidisme est caractérisé par la croyance en un Dieu unique (*Xwedê*) et en un conseil de sept êtres divins (communément appelés anges – *melek* –). D'après les poèmes sacrés (*qewl* et *beyt*) connus des seuls religieux, Dieu aurait d'abord créé Melekê Taus[1] (littéralement l'ange-paon). Il aurait ensuite donné forme à quatre êtres : Şemsedin, Fekhredin, Sejadin, Nasirdin (chacun est lié à l'un des quatre éléments). Enfin, il aurait créé Şêx Hesen et Şêx Adi. L'ange-paon a pour charge de gouverner le monde avec l'aide des six autres êtres divins. Pour ce faire, ils se réincarnent périodiquement en figures humaines emblématiques qui apparaissent sur terre pour guider les hommes dans la voie de la religion (Spät 2005 : 32). Şêx Adi, pensé comme le fondateur du Yézidisme (XIIᵉ siècle)[2], aurait été une réincarnation de Melekê Tawus.

Les Yézidis aiment définir le Yézidisme comme une vieille religion dont les racines « se perdent dans les profondeurs de l'antiquité » (Arakelova 2001 :323), ou comme « la plus vieille religion de la terre » (Spät 2005 :31). Ils se définissent comme le « peuple de Dieu », créé à

---

1 L'ange-paon peut être désigné par des variantes de cette appellation (Tawsi Melek, Tawisî Melek ou Malak Tawus) ou encore par une autre expression, Cin Teyar ou Cin Teyr, littéralement, « le grand oiseau Djin » (Sweetnam 1994 :199).

2 Pour plus de détails, voir Kreyenbroek 1995.

l'écart des 72 autres nations et pensent être les descendants d'Adam mais non d'Ève (Sweetnam 1994 :196). Melekê Tawus aurait rapporté des quatre coins de la terre, l'eau, le feu, la terre et l'air, et de ces quatre éléments, aurait créé l'âme qu'il a soufflée dans Adam. Il aurait par la suite déposé la semence d'Adam dans une jarre de laquelle serait né Şehid bin Jer (« fils de la jarre »). Miraculeusement conçu, Şehid bin Jer aurait transmis sa sagesse divine à ses descendants, les Yézidis (Spät 2005 :31). Les Yézidis seraient ainsi les descendants du fils d'Adam, et Melekê Tawus leur protecteur.

Le lieu de pèlerinage principal des Yézidis est situé au nord de l'Irak, dans la vallée de Lališ. C'est là qu'habite le *mîr*, chef religieux des Yézidis. Éloignés de leur centre religieux, les Yézidis du Caucase ont vécu leur religion de façon entièrement autonome durant presque un siècle, observant des traditions parfois assez différentes de celles prati-quées aujourd'hui en Irak. Leur vie religieuse est avant tout basée sur le respect de règles, devoirs et interdits. À cela s'ajoutent des fêtes liées au calendrier ou au cycle de la vie. La spiritualité des villages yézidis est ainsi centrée autour de la maison des religieux (dans laquelle se trouve le *stêr*, autel formé d'une pile de matelas et de couvertures), du cimetière, et, éventuellement, d'un lieu de pèlerinage (*ziyaret*) matérialisé par un arbre, une source, ou encore une tombe (réputés pouvoir exaucer des vœux)[1].

Si chaque communauté a ses particularités, les Yézidis apparaissent souvent, aux yeux de leurs voisins (Arméniens, Géorgiens, Azéris, Kurdes musulmans, Russes…), comme un groupe particulièrement fermé. L'endogamie qui régit la communauté peut être une des raisons du maintien d'une frontière claire entre « les Yézidis » et « les non-Yézi-dis », de même que l'impossibilité de se convertir au Yézidisme[2]. Les Yézidis pensent leur société en trois groupes endogames, héréditaires et définissant les relations entre les individus. On compte deux groupes

---

1   Dans certains de ces lieux, il est de coutume de dormir. C'est le cas du *stêr* du lignage des şêx Cin Teyar réputé soigner les peurs, la folie, et aider les femmes à tomber enceintes. Spät (2005 :35) note la même pratique pour les Yézidis d'Irak. L'auteur précise que ce type de rite curatif existait dans les temples classiques d'Asclepios, Dieu de la médecine, puis dans les églises chrétiennes de la région.

2   La description de l'organisation sociale des Yézidis dépasse le cadre de cet ouvrage mais le lecteur trouvera dans les lignes qui suivent quelques repères utiles à notre propos. Pour une plus ample analyse voir Allison 2001, Amy de la Bretèque 2010, Kreyenbroek 1995, Kreyenbroek et Rashow 2005, Omarkhali 2007.

de religieux[1] (les *pîr*[2] et les *şêx*[3]) et un groupe de profanes (les *mirîd*[4]). Chaque individu appartient, par sa naissance, à un des groupes, et se marie à l'intérieur de son groupe.

Chacun des membres de la communauté, quel que soit le groupe auquel il appartient, est lié à un *şêx* et à un *pîr*, qu'il appelle « mon *şêx* » (*şêxe min*), « mon *pîr* » (*pîre min*)[5]. Les *şêx* et les *pîr* désignent de la même manière les *mirîd* auxquels ils sont liés : « mes *mirîd* » (*mirîden min*). Les *şêx* et les *pîr* doivent servir leurs *mirîd* en remplissant certaines obligations rituelles (notamment lors des naissances, des mariages et des funérailles), en priant pour eux et en les conseillant. En échange, les *mirîd* leur font des dons, lors de divers rituels ou de visites rendues à la maison du *şêx* ou du *pîr*. Ces dons peuvent être du bétail ou de l'argent. En plus de son *şêx* et de son *pîr*, tout Yézidi a un « frère de l'autre vie » (*bira axiretê*). Choisi dans une famille de *şêx*, le *bira axiretê* aide, par ses prières, le passage dans l'autre monde. Ainsi, *bira axiretê* est une forme de fraternité assez particulière et non réversible (si A est un frère pour B, B est un disciple pour A). Si *bira axiretê* signifie littéralement le « frère de l'autre vie », cette relation est plutôt à appréhender comme celle d'un « grand frère de l'autre vie[6] ». Les lois d'attribution des *şêx*, des *pîr* et des « frères de l'autre vie » sont liées aux lignages. Désignés par le mot *ocax,* qui signifie littéralement foyer, les lignages sont des groupements locaux : ce sont, en théorie au moins, les personnes vivant sous un même toit (les frères et leurs enfants) et leurs ancêtres présents dans le *stêr* (autel familial représentant symboliquement le foyer). Les

---

1   Les Yézidis de Transcaucasie ont deux groupes de religieux à la différence des Yézidis d'Irak qui en comptent six.

2   *Pîr* est un mot kurde qui désigne le sage de la communauté.

3   *Şêx* est un mot d'origine arabe qui désigne une personne sage ou sainte, ou encore, un leader spirituel.

4   *Mirîd* est un mot d'origine arabe qui se réfère aux disciples d'un homme saint.

5   Les *şêx* et *pîr* se voient donc eux aussi attribuer un *şêx* et un *pîr*.

6   En plus du « frère de l'autre vie », chaque yézidi peut choisir une « sœur de l'autre vie » (*xûşka axiretê*). Le rôle de la « sœur de l'autre vie » (*xûşka axiretê*) est d'aider le « frère de l'autre vie » (*bira axiretê*) à faire passer l'âme du défunt dans l'autre monde. La « sœur de l'autre vie » est choisie selon la volonté du *mirîd* dans un lignage de *şêx* ou de *pîr*. Si les hommes yézidis peuvent se contenter d'un *bira axiretê*, les femmes yézidies doivent avoir un *bira axiretê* et une *xûşka axiretê*. Le « frère de l'autre vie » est choisi dans le lignage de *şêx* de la famille de leur père, la « sœur de l'autre vie » est choisie dans le lignage de *şêx* ou de *pîr* de la famille de leur mère. Pour une description précise des rôles des *bira axiretê* et *xuşka axiretê*, voir Pachaeva (1988 : 129).

Yézidis sont également constitués en clans (*ber*). Ces derniers réunissent plusieurs lignages et définissent des règles de solidarité entre lignages. Ils sont de préférence endogames[1].

Aujourd'hui, dans les villages yézidis, la vie sociale est construite autour du respect de l'endogamie à l'intérieur de la communauté et à l'intérieur de chacun des groupes. Le lignage joue également un rôle important dans les alliances : le choix privilégié est le mariage à l'intérieur du même clan ou avec un clan allié. Comme le soulignent Kreyenbroek et Rashow (2005 :6) : « Connaître sa place (et les droits et devoirs qui en découlent) dans la toile complexe des relations sociales des Yézidis peut être vu comme l'un des devoirs religieux les plus importants ».

UN EXIL CAUCASIEN

Les Yézidis ont quitté l'Anatolie orientale pour la Transcaucasie au cours du XIXᵉ siècle et au début du XXᵉ, cherchant refuge derrière les rangs des armées tsaristes. Longtemps appelés par leurs voisins musulmans « adorateurs du diable », les Yezidis ont subi des persécutions répétées dans l'Empire Ottoman. Originaires en majorité de la région de Gaziantep, dans l'actuelle Turquie, les Yézidis ont fui les persécutions des musulmans et se sont dirigés vers le nord-est : d'abord vers les régions de Van et de Kars, puis lors du recul des troupes du tsar, plus au nord dans le Caucase (Serdar 1998 :71, Nikitine 1956 :225). Les deux grandes vagues de migration des Yézidis vers le Caucase remontent à 1828-1829 et 1915-1916. Aujourd'hui, les Yézidis d'Arménie vivent autour du mont Aragats et forment trois groupements distincts, qui sont cependant en constants échanges et relations (**Fig. 2**).

---

1   Dans le cas des religieux (*şêx* et *pîr*), le lignage (*ocax*) et le clan (*ber*) sont confondus. Seul le mot *ocax* est employé (que celui-ci fasse référence au lignage ou à une entité plus vaste) en référence à un foyer premier, une origine sainte qui sacralise leur statut. Ainsi, dans le cas des *şêx*, chaque clan (*ocax*) a pour ancêtre un des sept anges qui siège au « conseil céleste » Omerxalî (2007 : 58-60). Pour les *pîr*, le nombre de clans est plus important. Pachaeva (1988 :127) estime le nombre de clans de *pîr* en Transcaucasie à environ quatre-vingt-dix. Pour plus de détails concernant la dénomination des religieux, voir Omerxalî (2007 :39).

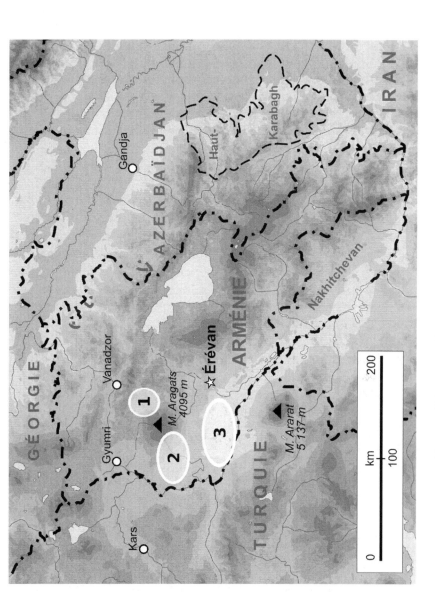

FIG. 2 – Répartition des villages yézidis en Arménie.
1-région d'Aparan, 2-région de Talin, 3-région d'Hoktemberian.

La région d'Aparan, sur le plateau nord-ouest du mont Aragats, compte douze villages yézidis. Ce peuplement date de 1828-1829. Sur ce plateau, à plus de 2000 mètres d'altitude, les cultures se résument à l'orge, aux pommes de terre et aux oignons. L'activité principale est l'élevage sans transhumance (à la différence des Yézidis de la plaine). Dans les années 1930, une partie de la communauté a émigré à Tbilissi (Géorgie) pour travailler dans les usines d'État[1]. Les liens restent très forts entre les Yézidis d'Aparan et ceux de Tbilissi, même depuis l'indépendance de l'Arménie et de la Géorgie. Les familles émigrées à Tbilissi possèdent le plus souvent une maison dans laquelle elles viennent passer quelques mois chaque année et elles enterrent généralement leurs morts dans le cimetière de leur village en Arménie. Situés sur la route reliant Érévan à Tbilissi, les villages Yézidis d'Aparan ne sont pas isolés, mais la ferme-ture du kolkhoze, du magasin d'État et du théâtre, à la fin de l'URSS, a porté un coup dur à cette communauté qui était plutôt bien portante durant la période soviétique (un théâtre kurde avait même été créé dans le village d'Alagyaz). Le tremblement de terre de 1989 a porté le coup de grâce : les bâtiments construits durant la période soviétique se sont écroulés. À l'état de ruines depuis lors, ces constructions publiques qui faisaient autrefois la renommée des villages leur donnent une allure de semi-abandon.

La région de Talin, sur les contreforts sud-ouest du mont Aragats, compte des villages yézidis et des villages de Sassountsi, Arméniens originaires de Sassoun. Arrivées en 1915-1916, ces familles ont fui la région de Sassoun avec les Sassountsi et se sont installées ensemble sur les contreforts du mont Aragats, face aux « terres perdues ». Dans ce groupement de villages, parfois mixtes, les Sassountsi et les Yézidis parlent chacun la langue de l'autre et participent aux funérailles des deux communautés. L'activité économique principale pour les Yézidis est l'élevage. L'été, les Sassountsi confient leur bétail aux Yézidis qui effectuent la transhumance vers les cimes de l'Aragats (4090 mètres). La terre est particulièrement aride dans cette région. Les villages sont très isolés, surtout depuis la fin de la période soviétique. Les routes sont

---

1   Les Yézidis de Tbilissi se sont installés de manière proche de la répartition spatiale qui aurait eu lieu au village : les personnes originaires d'un village donné se sont installées dans le même quartier. Les personnes d'un même clan (ber) dans la même rue etc. (Pachaeva 1988 :119).

coupées par la neige presque la moitié de l'année, et, en l'absence de travaux de voirie depuis presque vingt ans, il devient même difficile de repérer une quelconque route l'été...

La plaine de l'Ararat (Armavir, Hoktemberian) au sud du Mont Aragats compte de nombreux villages, mixtes Arméniens-Yézidis. Ces familles sont arrivées des régions de Kars, Van et Iğdır en 1915-1916, avec les Arméniens fuyant le génocide. Dans cette plaine fertile, certains s'adonnent à l'agriculture, mais nombreux sont ceux à qui les Arméniens confient leur troupeaux pour la transhumance estivale (*zozan*) sur les hauts plateaux du mont Aragats (Aristova 1966 :45).

Dans la période post-soviétique, le Caucase a été le théâtre de migrations diverses. Les années qui ont suivi l'accès à l'indépendance de l'Arménie ont été noires pour tous. La crise économique a transi le pays entier : la faim, le froid, les coupures d'électricité, la disparition des transports en commun ont poussé de nombreuses familles à émigrer. Près de 10 % des Yézidis (environ 12 000 personnes) sont partis d'Arménie, notamment vers la Russie, l'Ukraine et l'Allemagne. Nombre de ces familles continuent à enterrer leurs morts dans leurs villages en Arménie (Serdar 1998 :72-73). Aujourd'hui, les Yézidis sont estimés à 60 000 en Arménie et Géorgie. En Irak, les sources varient de 120 000 à 250 000. Les Yézidis qui vivaient en Turquie ont dans leur quasi-totalité émigré en Allemagne dans les années 1980. On estime le nombre de Yézidis en Europe à 40 000 et en Syrie à 15 000 (Kreyenbroek et Rashow 2005 :5).

De petite taille, cette communauté sans État revêt des identités multiples : modes de vie et coutumes diverses, variété de pratiques religieuses. Au sein même de l'Arménie, la communauté est aujourd'hui partagée par un débat identitaire profond : une partie de la communauté se dit Kurdes-Yézidis (d'ethnicité Kurde et de religion yézidie), l'autre partie rejette le lien à la Kurdicité et se définit comme « peuple Yézidi ».

L'ART D'ORIENTER
LES ANTENNES PARABOLIQUES

QUESTION D'IDENTITÉ

Dans le contexte de l'État-nation arménien, la question de l'identité nationale des Yézidis (au sens d'ethnicité) est devenue particulièrement brûlante. Le caractère hautement polémique de l'« identité yézidie » révèle la complexité de la position des Yézidis dans le contexte politique régional. Mais rien n'indique cependant qu'elle ait été aussi cruciale dans le passé. L'appartenance au foyer, au clan, ou encore le lieu d'origine et la religion étaient en effet des critères de définition d'un individu souvent aussi pertinents que l'identité nationale.

Au cours des XVIIIe et XIXe siècles, les Yézidis ont été qualifiés par les étrangers à leur communauté d'« adorateurs du diable ». Ce sobriquet leur valut un intérêt certain des orientalistes de l'époque (Ainsworth 1842, 1855, 1861 ; Layard 1849 ; Mingana 1916)[1] , ainsi que des persécutions assez systématiques de la part de leurs voisins musulmans (Kurdes, Turcs). Durant cette même période, les Yézidis ont été décrits par les observateurs étrangers comme des Kurdes de religion yézidie. Cependant, les Yézidis eux-mêmes, en conflits fréquents avec les musulmans (entre autres kurdes), refusaient souvent l'appellation « kurde » (Sweetnam 1994 :196). Durant la période soviétique, l'athéisme de règle a étouffé les identités religieuses. Le mot « yézidi » s'est effacé au profit du mot « kurde ». Dans les recensements et dans les écrits officiels, c'était la kurdicité des Yézidis qui était mise en avant. Depuis la fin de l'URSS et l'accès à l'indépendance de l'Arménie, les nationalismes se sont cristallisés, et les Yézidis d'Arménie ont eu besoin de redéfinir, dans l'urgence, leur identité. Lors du conflit

---

1   Sur ces orientalistes, voir Guest (1987) et pour des descriptions antérieures des Yézidis voir Perdrizet (1903).

ajuste de manière à capter ROJ TV, mais également les chaînes kurdes
d'Irak, ainsi que les chaînes arméniennes et russes.

Les chaînes, telles ROJ TV (Kurdes de Turquie) ou Kurd Sat (Kurdes
d'Irak), sont avant tout des chaînes musicales. Dans les villages, la
télévision s'écoute plus qu'elle ne se regarde. Allumée toute la journée,
le volume assez fort, elle fait presque fonction de radio. Captées dans
des terres lointaines, elles diffusent des musiques à la fois connues et
nouvelles. Chaque chaîne a en effet un style propre, influencé par la
région à laquelle elle se rattache. Les chaînes d'Irak sont le plus souvent
en kurde *sorani*, un dialecte que les Yézidis d'Arménie ne comprennent
pas. La matière sonore est influencée par Bagdad : usage de violons
et autres instruments présents dans la musique irakienne (tel le *'oud*)
(doc. 2). La chaîne pro-PKK (Roj-TV) s'adresse avant tout aux Kurdes
de Turquie. Les chants sont en kurde *kurmanji*, dialecte parlé par les
Yézidis du Caucase. Les paroles des chants sont ainsi comprises (même
si la langue de la télévision est standardisée et donc un peu différente
de leur dialecte, et l'emploi de mots turcs assez courant). Les musiques
sont, pour la plupart, proches de celles que l'on peut rencontrer chez
les Yézidis du Caucase, mais l'instrumentalisation privilégie un usage
systématique du *saz* (luth à long manche) devenu « instrument national
turc en République Turque » (Cler 2000 :152-159) et que les Kurdes
de Turquie revendiquent également comme leur appartenant. Cette
chaîne est par ailleurs la chaîne affiliée à la guérilla du PKK, aussi les
chansons diffusées sont-elles bien souvent de nature à souder le peuple
face à l'ennemi : chants héroïques, lamentations sur la nation kurde,
louanges au Kurdistan ainsi qu'au leader de la lutte armée – Abdullah
Öcalan. Musicalement, ces musiques peuvent reprendre des schémas
traditionnels des deux grands types de répertoires que l'on rencontre
chez les Yézidis d'Arménie (*stran* et *kilamê ser*) ou être composées récemment sur des modèles occidentaux (Amy de la Bretèque 2004). Pour les
Yézidis d'Arménie, certaines musiques de ces chaînes sont clairement
identifiables et classables dans ces deux répertoires, d'autres sont « étrangères » (tant dans le contenu sémantique qu'acoustique).

Via le *spoutnik*, tout l'imaginaire des Kurdes (de Turquie et d'Irak)
est présent au quotidien dans les maisons yézidies[1]. Il est présent

---

1   Sur les chants kurdes de Turquie et les images qui leur sont associées voir Kanakis (2005)
     et Amy de la Bretèque (2004).

par les musiques et les paroles des chants, ainsi que par le montage
vidéo qui accompagne ces musiques. Les chants sont illustrés par des
images de nature verdoyante (herbe verte, fleurs colorées, torrents
d'eau limpide, neiges éternelles…), des images de la vie « tradition-
nelle » présentée de manière romantique (femmes préparant le pain
– *lavaş* – dans les fours traditionnels – *ocax/tandûr* –, femmes trayant
les moutons dans les pâturages estivaux – *zozan* –, femmes filant la
laine, hommes gardant les troupeaux, ou discutant assis autour d'un
thé) (**doc. 3, 4 et 5**). Les thèmes de la nature ont certes toujours été
présents (Karapete Xaco, barde né en 1902[1], chantait par exemple
sur le *zozan* ou sur la beauté des fleurs au printemps), cependant la
connotation des fleurs et du *zozan* en Turquie a depuis le début de la
guérilla beaucoup changé : les montagnes font directement référence
au maquis et la nature rayonnante représente un espoir de survie des
proches qui se trouvent à la montagne[2].

Pour les Yézidis d'Arménie, la question se pose de manière un
peu différente. Les villageois manifestent en général une forte sym-
pathie pour le PKK. La présence, dans les villages, de guérilleros
tolérés par l'État arménien[3] en témoigne. Mais l'empathie ne va que
rarement jusqu'à prendre le maquis. Quelques jeunes Yézidis de la
région de Talin et d'Aparan ont rejoint les rangs du PKK dans les
années 1990, mais le mouvement s'est, depuis, nettement ralenti. Une
partie de la jeunesse s'entraîne à reproduire et à jouer ces mélodies et
ces chants au plus proche de ce qui est entendu à la télévision, mais
seuls les partisans du PKK disent préférer cette musique à celle qu'ils
entendent dans les fêtes yézidies (mariages avec *dohol* et *zurna* ou au
son synthétique du *rabiz*).

---

1 Karapete Xaco (1902-2005) était un Arménien kurdophone. Il est très connu des Kurdes
   de Turquie et d'Irak, car il a longtemps chanté sur « radyo Erivan », la radio en langue
   kurde émise depuis Érévan qui était très largement écoutée par les Kurdes de l'extérieur
   du bloc soviétique.
2 Dans les villages kurdes de Turquie, chacun a des proches qui ont pris les armes dans les
   rangs du PKK, et d'autres qui effectuent leur service militaire dans l'armée turque. Les
   situations dans lesquelles deux cousins doivent ainsi s'affronter ne sont pas rares (Amy
   de la Bretèque 2004).
3 Ils sont particulièrement nombreux dans la région d'Aparan.

UN IDÉAL POST-SOVIÉTIQUE : LE *RABIZ*

Sur les marchés des grandes villes d'ex-URSS, le badaud curieux aura sans doute la chance de tomber sur un « best of Yézidis » présentant des vidéo clips ou des chants au format mp3. Au format audio ou vidéo, chants d'amour ou paroles mélodisées sur l'exil et la nostalgie, ces enregistrements font en général partie d'un style appelé *rabiz*. Emblématique de la période post-soviétique et dépassant de loin les frontières de la communauté yézidie, la musique *rabiz* est caractérisée par l'usage d'ornements et de motifs mélodiques que les commentateurs qualifient soit de « traditionnels » (*avandakan*), soit d'« orientaux » (*are-vilian*) et par l'usage de sons électroniques (amplification, effets, boîtes à rythme, etc.).

L'origine du mot *rabiz* et du répertoire musical ne fait pas consensus en Arménie. L'étymologie la plus fréquente est la suivante : le mot *rabiz* est formé sur les premières syllabes des mots russes « *rabotniki iskusstva* » (<u>раб</u>отники <u>исс</u>кусства), littéralement les travailleurs de l'art. Les « Travailleurs de l'Art » étaient une institution soviétique mise en place dès les années 1920 qui avait entre autres objectifs d'intégrer des mélodies populaires dans les nouvelles compositions soviétiques (composées par les membres de l'organisation). Par ailleurs, la plupart des Yézidis et des Arméniens pensent que le *rabiz* est lié à la musique *blat* appelée *blatnie pesni* ou *blatnyak* (блатные песни, блатняк). Le *blatnyak* s'est répandu en URSS en tant que musique du Goulag, c'est à dire la musique des hors-la-loi au sens des brigands et criminels, mais aussi des opposants politiques. Sans être une musique *blat*, le *rabiz* est pensé en lien avec cette dernière comme l'héritier capitaliste de son ancêtre communiste.

Dans les maisons yézidies, le *spoutnik* est en général orienté vers les chaînes satellites kurdes de Turquie ou d'Irak. La musique *rabiz* est assez peu présente dans les villages si ce n'est lors de quelque mariage « branché », ou via le transistor du magasin du village. Dans les villes, par contre, le *rabiz* est audible au quotidien : joué par des musiciens professionnels dans des bars, des clubs, ainsi que dans des fêtes telles les mariages, ou sur les plateaux des télévisions nationales. Largement diffusé en CD et DVD, le *rabiz* est omniprésent dans les rues : des enceintes sont souvent installées devant les magasins sur les trottoirs[1]. Crachant tous les décibels qu'elles peuvent dans les oreilles des passants, elles donnent l'impression de se faire concurrence entre elles, à la manière de ventes à la criée. La musique *rabiz* est aussi un attribut des voitures noires aux vitres fumées[2]. Lié à l'idée d'argent facile, de réussite éclair et de temporalité courte (qui sait de quoi demain sera fait ?), le style *rabiz* fait rêver une partie de la jeunesse d'Érévan. Les *rabiz* vivent sur l'instant, sans penser au lendemain, dans un mélange « doux-amer » (Demeuldre 2004) : le plaisir d'une musique rythmée, joyeuse et puissante, mêlé bien souvent au goût de paroles nostalgiques, et à une voix tendue.

En Arménie, Yézidis et Arméniens sont acteurs de la scène *rabiz*. Le marché du *rabiz* est beaucoup plus important en arménien qu'en kurde, ce qui n'est pas pour gêner les chanteurs de *rabiz* yézidis qui maîtrisent les deux langues. Ces derniers intègrent bien souvent un ou deux chants en kurde dans une compilation en arménien. Les chanteurs yézidis de la scène *rabiz* sont assez connus et respectés de tous les amateurs de *rabiz*. Les plus connus d'entre eux vivent dans les métropoles russes. Ils jouent pour les « bandits suivant le code » (*vory v zakone* – воры в законе). Ils chantent en arménien, en kurde et parfois aussi en géorgien et en russe.

Même si le *rabiz* est plus souvent joué au synthétiseur qu'au *duduk* ou au *zurna*, on retrouve dans le *rabiz* la dichotomie entre les répertoires de la joie et ceux de la peine (*stran/kilamê ser*). Le pôle de la joie est plus présent, avec des chants mesurés, dansés, mais les « paroles sur » existent aussi. Elles sont parfois intercalées entre deux couplets d'un chant ou servent d'introduction à ce dernier. Les musiciens professionnels appellent parfois ces parties tristes *mugham*, en référence à un genre musical largement répandu dans le Caucase, aujourd'hui

---

1 Le *rabiz* est souvent pensé comme un envahisseur par les milieux intellectuels de la capitale. Le titre du chapitre du livre de Levon Abrahamian (2006) sur le *rabiz* est en ce sens révélateur : « The sensitive ear of musical identity and the all-devouring R'abiz » (L'oreille sensible de l'identité musicale et le *rabiz* dévorateur).

2 Le dilemme du conducteur est en général de savoir s'il vaut mieux fermer les fenêtres (ce qui permet d'utiliser, en été, la climatisation en jouant à la vedette derrière les vitres teintées), ou s'afficher, le bras appuyé sur la portière, lunettes noires vissées sur le nez. Dans les deux cas, le volume de la musique est au maximum et l'effet est garanti : les vieilles dames poussent un soupir désespéré, les jeunes filles se retournent, et les adolescents ne peuvent réprimer une moue d'envie.

enseigné dans les conservatoires. Dans sa chanson *Hishatak* (souvenirs), Uzbek, chanteur arménien de *rabiz*, commence par un blues *rabiz*, puis il passe en *mugham* (ou parole mélodisée) avec une boîte à rythme qui persiste en arrière-fond (**doc. 6**). Ce chant est dédié à la mémoire d'un ami mort qu'il désigne par « frère aimé » (*aghper djan*). Au bout de 6 minutes 30, au moment où la chanson devient parole mélodisée, les mots sont les suivants :

Le vœu de mon cœur s'est brisé	*Zulumni chap sirtis ighdzy khapanec*
Le sort cruel m'a séparé de mon Serîk	*Dazhan bakhty Serikics bazhanec*
Je n'ai pas su ce qui s'est ainsi produit	*Es chimaca inchu aydpes katarvec*
La mort impitoyable t'a séparé de moi	*Angut mahy qez indzanic bazhanec*
Le rêve de mon cœur s'est envolé et est parti	*Im murazy srtics trav u gnac*
Le soleil, la lune… le rossignol chanter toujours empli de chagrin	*Arev lusin …..blbuly misht vshtahar piti ergi*
Je ne suis pas rassasié de son visage aussi lumineux qu'un soleil	*Chem khstacel nra arev var demqic*
Je ne suis pas rassasié de son visage rayonnant et illuminé	*Chem kshtacel nra paytsar, var demqic*
Dans la tombe sombre il n'y a pas de rêve	*Mut gerezmanum angam eraz chka*
Pour que je puisse venir en rêve vers toi	*Vor erazov qez mot gam*
Que la pierre de ma tombe en soit témoin, mon frère chéri.	*Gerezmanis qary vka, akhper jan*

Le *rabiz* présente des ressemblances musicales à la fois avec la pop internationale, les danses traditionnelles et la parole mélodisée : orchestration occidentale, nouvelles technologies, mélodies traditionnelles et mélismes[1] orientaux. Par ce mélange, la musique *rabiz* se rapproche d'un grand nombre de musiques populaires des Balkans et de l'Asie mineure comme le *skyladiko,* le *turbo folk*, l'*arabesk* ou les *manele*. (Buchanan 2007, Stoichiţă 2013sp, Amy de la Bretèque et Stoichiţă 2012, Stokes 1992, 2010).

Le *rabiz* tout comme le *spoutnik* entretiennent des relations complexes avec le temps et l'espace. Le *rabiz* et la musique du *spoutnik* revendiquent

---

1   Technique consistant à chanter une même syllabe sur plusieurs notes (par opposition à un chant dans lequel chaque syllabe correspondrait à une note). Dans le cas du *rabiz*, le mélisme naît de l'augmentation par broderie d'une mélodie simple.

à la fois la tradition et la modernité, de même la référence à l'Occident et celle à l'Orient.

Le *rabiz* et le *spoutnik* suggèrent ainsi un espace et un temps charnières : entre les Empires d'hier et de demain, entre le monde soviétique et le néo-capitalisme, entre les chrétiens et les musulmans. Dans ce monde construit sur des dichotomies, les Yézidis sont en passe de devenir deux nations : les Kurdes-yézidis et les Yézidis, parlant deux langues qu'ils nomment différemment et tournant leur parabole dans deux directions opposées. Les uns se rattachent à une « cause nationale kurde » et s'intègrent dans un mouvement régional plus vaste (la population kurde est estimée à plus de 25 millions, les Yézidis à environ 250 000). Les autres prennent une voie plus communautaire, se définissant comme une nation à part. Si les premiers tournent leurs paraboles vers le sud (via Bruxelles) et se rattachent à une terre perdue appelée Kurdistan, les autres ne se tournent vers l'Irak qu'en matière de lieu de pèlerinage. Apatrides, ils n'ont pas de terre perdue, et pensent plus en termes de réseau de personnes (les Yézidis face aux ennemis) qu'en termes d'espace.

COMMÉMORER LES HÉROS

LES MORTS EXEMPLAIRES AU FORMAT MP3

À la lecture des pochettes des compilations de chanteurs yézidis vendues sur les marchés d'Érévan et des grandes villes de Russie, il ressort clairement que les quelques morceaux enregistrés en kurde sur chacun des albums (majoritairement en arménien) ont pour titre un prénom ou un nom masculin : Gago, Valod et Sebrîê, Wêzir et Ando, Çeko, Emerê Hingo… Chacun de ces prénoms rappelle une histoire tragique connue de tous les Yézidis. Gago Şerif était un soldat yézidi originaire de la ville d'Echmiadzine tué à Mardakert (Haut-Karabagh), en 1993, alors qu'il avait 20 ans (**doc. 7**). Valod Misto d'Amasîa et Sebrîê Keleş de Şamiram ont une histoire similaire : soldats sur le front du Karabagh, tous deux sont morts en 1997 à l'âge de 21 ans (**doc. 8**). Wêzir et Ando sont deux frères yézidis de la puissante famille de Tahar Begê et du lignage des Mantacy (important en nombre). Ils sont tous deux morts dans une catastrophe aérienne en 1996 (**doc. 9**). Çeko est un mafieux yézidi qui a été tué dans un règlement de compte en 1996 (**doc. 10**). Emerê Hingo, originaire du village de Mixçyan, est mort d'un infarctus en 1999.

Enregistrés en studio par des professionnels, et accompagnés d'instruments de musique (essentiellement *duduk*, synthétiseur et violon), ces chants sont qualifiés par les Yézidis de « paroles sur le héros » (*kilamê ser mêranîê*). Correspondant à ce que l'on nommerait en français « chant épique », les « paroles sur le héros » illustrent des figures exemplaires. Si les paroles rappellent parfois les moments héroïques de la vie du défunt, les mots détaillent surtout les circonstances tragiques de la mort, accusant le destin d'injustice et de tromperie.

La parole mélodisée à la mémoire de Gago enregistrée par Sos Koçaryan (Sosoê Koçer), est représentative du ton de ces énonciations (doc. 7) :

Ax lê waê, wî lê waê	*Ax lê waê, wî lê waê*
Ah, destin trompeur	*Ax felekê bê îtbarê*
Quoi que tu fasses, tu ne peux le vaincre	*Ezê dikim-nakim naê raê*
Je regarde vers le Karabagh, partout forêts et montagnes	*Welle ezê Qerebax'ê dinihêrim – mêşe û ç'yane*
En 1993	*De wê sala h'ezar nehsid nod sisyane*
Il y a eu la guerre entre les Arméniens et ces infidèles de Turcs	*Şerekê çêbûye nava ermenya û kafirê van tirkane*
Il y a eu la guerre entre les Arméniens et ces infidèles de Turcs	*Şerekê çêbûye nava ermenya û kafirê van tirkane*
Je jure au nom de Dieu que le martyr Gago s'est battu en héros	*Welle, navê Xwedê şer xweş kirye*
Martyr Gago, ce lion sans peur s'est battu en héros	*Gagoê şehîd şêrê çargurç'ikî wê navdane*
Martyr Gago, ce lion sans peur s'est battu en héros	*Şer xweş kirye Gagoê şehîd şêrê çargurç'ikî wê navdane*
Ah, quels que soient nos efforts	*Ax, de emê dikin-nakin*
Le père de Gago ne peut surmonter son destin	*Feleka bavê Gago naê raê*
Ax lê waê, wî lê waê	*Ax lê waê, wî lê waê*
Ah, destin trompeur	*Ax felekê bê îtbarê*
Les yeux de la mère et du père de Gago ne reverront plus leur fils.	*De wê çawa ç'evê dê û bavê Gago rya wî maye.*

(duduk)

Gago dit : « Les Arméniens sont nos frères	*Gago divê gelî ermenya emê ax birane*
Les temps aujourd'hui sont durs	*Îro roja ox'irmê ax, girane*
Avec l'aide de Tawusî Melek je combattrai	*Ezê piştî Tawisî Melek şerkim*
Je libèrerai le peuple malheureux	*Cime'ta hêsîr derxim, xilazkim*
Avec l'aide de Tawusî Melek je combattrai	*Ezê piştî Tawisî Melek şerkim*
Je libèrerai le peuple malheureux »	*Cime'ta hêsîr derxim*
Ah, que le destin du père de Gago soit maudit	*Ax, de bira feleka bavê Gago xêrê-waê qe nevîne*

Ax lê waê, wî lê waê
Ah, destin trompeur
Les yeux de la mère et du père de Gago
ne reverront plus leur fils.

Ax lê waê, wî lê waê
Ax felekê bê îtbarê
De wê çawa ç'evê dê û bavê Gago rya wî
maye.

(*duduk*)

Un jeune homme yézidi a pris les armes
Et, croyant en Tawusê Melek
Tôt le matin il a prié face au Soleil
Sur le nom de Dieu, sur la route de
Mardakert, il a été tué par des Azéris
infidèles
On ne sait pas, le destin de Gago est
trompeur
Comment a-t-il pu séparer notre lion
de vingt ans de ses amis-camarades ?

Lawê êzdî hilda ç'ek û sîlih'ê
Hewara xwe daxistye Tawisî Meleke
Serê sivê serê xwe ber Şêşims datîne
Welle navê Xwedê serê rya Mardakêrtê,
K'oka k'afirê e'cem diqelîne

Emê nizanin feleka Gago xayîne

De wê çawa şêrê meyî bîst salî nava heval-
hogira diqetîne.

(*duduk*)

Ax lê waê, wî lê waê
Ax li minê, ah, destin
On ne sait pas, le destin de Gago est
trompeur
Comment a-t-il pu séparer notre lion
de vingt ans de ses amis-camarades ?

Ax lê waê, wî lê waê
Ax li minê, ax, felekê
Emê nizanin feleka Gago xayîne

De wê çawa şêrê meyî bîst salî nava heval-
hogira diqetîne.

L'exil, le destin noir et maudit et le sacrifice de soi sont les éléments indispensables à la création de héros tragiques. Ces qualités, exclusivement « post-mortem », sont dépeintes dans les énoncés funèbres. Les « paroles sur les héros » sont en effet presque toujours pour des héros morts, comme si le statut de héros ne pouvait être atteint qu'après avoir connu un destin tragique entraînant la mort[1].

---

1   La seule « parole sur le héros » que j'ai pu entendre à l'attention d'un héros vivant était pour Abdullah Öcalan, chef du mouvement armé du PKK, arrêté en 1999 et emprisonné depuis lors dans l'île d'Imrali (Turquie). [*Cf.* doc. 18]

un chanteur yézidi connu de tous (**doc. 11**). Alixanê Reşo a composé la « parole sur », il l'a enregistrée en studio, accompagné d'un *duduk*, d'un violon et d'un synthétiseur. L'orchestration est assez classique pour un *kilamê ser* enregistré en studio. Jamais joués dans les funérailles, le violon et le synthétiseur sont souvent ajoutés dans les enregistrements. Le synthétiseur joue un bourdon en accord, plus épais et plus présent que celui du *duduk*. Quant au jeu du violon, il se rapproche clairement de celui du *duduk*. La présence du violon et du synthétiseur dans cette « parole sur » ne change pas le type d'expressivité musicale. Elle souligne cependant, par l'usage de moyens techniques démesurés (par rapport à l'ordinaire), le caractère historique et mémorable de cette mort[1].

En voici les paroles :

Heylo, père	*Hey lo bavo*
Çeko Xidir a beaucoup d'ennemis malveillants	*Neyar, xêrnexazê Ç'ekoê Xidir qeremanê e'şîrê gele, gelek hene*
Cela fait déjà trois jours et trois nuits qu'ils se sont rassemblés dans la maudite Moscou	*De eva sê roje, sê şeve wêrana bajarê Moskvaêda hev civyane*
Ils discutent du meurtre de Çeko Xidir, marié depuis trois ans	*De dikin şêwra kuştina Ç'ekoê Xidir, ze'vê sê salane*
J'ai dit : « Assassin, ô, homme sans foi	*Go mêrkujê, bêxwedêyo*
Ne lève pas ton arme et ne l'utilise pas, *wey*, maudit »	*Nevî, nevî berê xwe didî ç'eka, gulle û fişekê ser ç'eka bêne ç'are, wey, êtîmo,*
Son feu est si tranchant, tel une épée, il est si jeune, il n'a pas guère que 26 ans	*De agirê wî tûjin mînanî şûrê wan kewana, ewî xortekî cihale, e'mrê wî bîstşeş sale*
Mais il a l'ordre de tuer, un ordre comme venant de Rosteme Zal	*De ewê ya bi Xwedê mînanî fermana Rostemî Zale*
Malheureux, tu perdras l'usage de tes mains, tes jambes fléchiront	*De hêsîro, binihêre, destê te wê şilbin, qudûmê çokê te wê bişkên*
Mais qu'ont-ils concocté contre Çeko.	*De ewê ser Ç'ekora nekevin raê.*

(*duduk*)

Ah, c'était le matin	*Ax, sive bû*
C'était un matin morne, venteux et pluvieux	*Siveke xusûsan bû, ba û baran bû*
Le meurtrier était déjà à son poste	*Berê ra û tivdîra karûbar bû*

---

1 Cette dimension singulière et grandiose se retrouve dans nombre de *kilamê ser* enregistrés en studio.

Le seigneur Çeko Xidir à Moscou est descendu du dernier étage	*Pelewanê mêra – Ç'ekoê Xidir – ji wêran Moskvaêda ji qatê jorin*
Ah, du dernier étage il est descendu	*Ax, ji qatê jorin berbi qatê jêrin hate xarê*
Par malheur, ayant laissé ses gardes du corps derrière lui, il est descendu seul	*K'or'a qedera pişmêrî neda pêşîê, ew t'ek-t'enê hate jêre*
Tel un ours sans peur qui voulait sortir se promener	*Mînanî h'erç'a bê minet xwest derkeve, pêşda here*
Et quand Heso et Samo, les gardes du corps du héros Çeko sont sortis	*De wexta H'eso, Samoê pişmêrê Ç'ekoê xweşmêr hatine dere*
Allons dépêchez-vous, le meurtrier s'est caché derrière la porte tremblant de peur comme une grande marmite sur feu vif	*De zûbke, mêrkujê kêrê kilîtê danî piş dêrî, mînanî sîtila çarç'emilî ser alava gur bike bikelînî*
Ce n'est qu'alors que ce lâche a compris qu'avec le Mauser[1] d'une main il n'en viendrait pas à bout	*Wî kafirî nemerd hêja tê derxist pê destekî mawizerê nake ç'arê*
Appuyant sa deuxième main sur le Mauser, lâchement, le traître a tiré sur notre frère Çeko	*Destê dinê jêla kire taqet bi nemamî, bi xayîntî berda Ç'ekoê bira*
La balle du Mauser a touché la tempe du héros, le traversant de part en part	*De gulla mawizerê cênîka mêrxasra daye dere*
Ah, la balle du Mauser a ainsi touché la tempe du héros	*Ax, de bila mawizerê cênîka mêrxasra daye dere*
Ce héros a laissé derrière lui tout son foyer et son clan sans support ni soutien, tous sont devenus orphelins.	*Vî xweşmêrî temamya êl û e'şîra hiştye bê pişt, bêxwey, na, welle, xweyo dîsa stuxare.*

(duduk)

Hey lo, père	*Hey lo bavo*
Regardons le cimetière de Zeytun	*Emê bala xwe bidne ser fêza Zêytûnê qibirstane*
Aux funérailles de Çeko il y avait une mer de monde	*Hewarîê Ç'ekoê xweşmêr weke lê-lê miştê k'ûçe û meydanê*
Dans la grande ville des files s'étendaient telles des caravanes	*Bajarê giran kişyane şivêta bazirgane*
Comme si toute l'Arménie était venue aux funérailles de notre cher héros et souverain	*Tê qey bêjî şîn û mirina xweşmêr û pelewanê mey e'zîzda hazire temamya Hayastanê*
Toutes les femmes et hommes du clan portaient des foulards noirs	*De jin û mêrê e'şîrê gişka reş girêdane*

---

1   Du nom de l'inventeur allemand : modèle de pistolet automatique en usage à partir de 1870.

Ah, toutes les femmes et hommes du clan portaient des foulards noirs	*Ax, de jino, mêrê e'şîrê gişka reş girêdane*
Depuis la nuit des temps il n'y avait eu pour aucun homme un deuil	*Dewir-zemanada ser t'u merî nebûye û neqewimye*
Tel celui d'aujourd'hui aux funérailles de Çeko Xidir, lion sans peur, comme Rosteme Zal.	*De çawa îro hatye kirinê ser Ç'ekoê Xidir, şêrê çargurç'ikî notlanî Rostemî Zale.*

Dans cette parole mélodisée, le récit du moment du drame est assez détaillé. La fin du *kilamê ser* est consacrée à la mémoire des funérailles de Çeko, insistant sur le caractère exceptionnel des funérailles. L'héroïsme et la singularité des événements sont accentués : Çeko est comparé à un « ours sans peur », un « lion sans peur », et même à Rostame Zal, héros d'une épopée kurde connue de tous (Djindi 1977). En être extraordinaire, Çeko a obtenu des caractéristiques physiques surhumaines et Alixanê Reşo chante ainsi « Çeko Xidir aux quatre reins » (*Çekoê xidir çar korçike*).

Dans le clip vidéo, les prises de vues et le montage sont simples. Les cadrages sont presque exclusivement dirigés vers la pierre tombale de Çeko. Cette dernière n'est pas banale ! Çeko est représenté taillé dans du marbre blanc, sculpture de plain-pied, de plus de deux mètres de haut : son regard fixe le lointain, il est torse nu, entouré d'un drapé dont les extrémités, « volant au vent », lui dessinent des ailes. Le marbre blanc ainsi que la présence d'ailes évoquent à tous un ange… L'image filmée est celle de la tombe, et assis sur celle-ci, ou tout près, Alixanê Reşo, qui mélodise les louanges de Çeko. Une grande partie du clip a été tournée de nuit : la scène est éclairée par un lampadaire. À certains moments, les images illustrent les paroles du *kilamê ser*. Le moment du drame est ainsi évoqué par un plan rapproché sur les pieds d'un homme descendant lentement un escalier (3'56''). Çeko ayant été tué dans le hall de son immeuble, alors qu'il sortait de chez lui, le spectateur qui regarde le clip ne peut s'empêcher de frissonner au regard des pieds du héros se rapprochant de sa mort. Quelques images du mariage de Çeko, le 27 avril 1991 ont aussi été glissées dans le montage vidéo (3'48''). Elles n'illustrent pas de façon explicite les paroles du *kilamê ser*. À l'exception de la statue qui constitue la pierre tombale, ce sont les seules images du visage du défunt.

AUTOUR DU POÊLE

Les « paroles sur le héros » ne sont pas apparues avec les enregistrements mp3 et les vidéo-clips : dans le passé, la mémoire des héros défunts était mélodisée de la même manière. Seul le mode de diffusion différait : racontées par des bardes en paroles mélodisées lors de veillées, ces histoires étaient souvent connues dans des versions plus localisées et moins homogènes que celle proposée par l'enregistrement.

Tous les Yézidis s'accordent pour dire que les veillées ne sont plus ce qu'elles étaient. Un air de nostalgie sur le visage, la faute est en général attribuée à la mauvaise mémoire de la jeune génération et à la télévision. Mais s'il est vrai que cette dernière fait fréquemment office de barde lors des soirées hivernales, l'amateur de paroles mélodisées sur le héros n'aura aucun mal à trouver des orateurs occasionnels dans presque chaque maison. En partisan de la cause kurde, Feyzo reçoit souvent chez lui des guérilleros du PKK. Autour d'un verre de vodka et ponctuant les conversations politiques, Feyzo énonce alors des paroles mélodisées avant de convier ses hôtes à en faire de même (doc. 12, 13 et 14)[1]. Les journées froides et pluvieuses sont une autre occasion propice aux paroles sur le héros, telles celle énoncée par Roma (doc. 15). Mais c'est chez Binbaş, petit homme sec d'une soixantaine d'années, que j'ai entendu le plus d'histoires mélodisées de héros locaux : celles de Yézidis morts dans les combats contre l'armée ottomane durant la première guerre mondiale. D'abord celle du beau-frère d'Îskan, mort lors de la bataille de Çamuşvan (doc. 16), puis celle de Nazil (doc. 17).

Lo, lo, Mîro, Bazirgan est détruite, une bataille a eu lieu dans la plaine, dans la plaine	*Lo, lo, Mîro, şerekê me qewimye Bazirganî kavil berî zade, berî zade, berî zade*
Emer a trois fois crié : « Zeynev Agha, frère »	*E'mera sê denga dike gazî, divê Zeynev ax'a, bira*

---

1 Les paroles mélodisées par Feyzo ce jour-là sont connues des kurdophones bien au-delà des frontières de l'Arménie. Elles font partie d'une culture partagée via les radio kurdes (notamment radio Érévan, la première radio kurde émise durant l'URSS, depuis Érévan et très largement écoutée par les Kurdes de Turquie) et les chaînes satellites.

12 détachements de soldats turcs nous sont tombés dessus	*Hatye ser milê me herdu bira donzdeh tax'bûr eskerê Rome, eskerê Rome*
Zeynev agha a dit : « Frère Emer, tu seras mon frère, ne t'en fais pas »	*Zeynev ax'a divê : E'mero bira, birê minbî, tu şayîşa nek'işîne*
Ton frère connaît leurs tactiques, du matin au soir ton frère se battra contre eux, et il vaincra, il vaincra	*Birê te fen-fêlê wana zane, sivêda birê te têke şer hetanî de'nê êvarê, wê bê raê bi destûrê, bi destûrê*
Ah, prière	*Ax, fermane*
Frère, prière sur les têtes de nos hommes kurdes	*Birao, fermane, fermana serê me herdu xortê kurdane*
Les infidèles turcs mènent une guerre sans pitié	*Şerê k'afırê Roma Reşe bi zorî, bi demane*
La souffrance sans guérison, les balles de Mauser sont très grandes, faites qu'elles ne tombent même pas sous une pierre	*Derdê bê dermane, gullê mawîzerê digo mînanî k'eşkane, bira nekevin binê kevirane*
Je regarde Nazil	*Ezê nazilê kavil dinihêrim*
Le sang coule de ses bras	*Xûnê dikişe forma cew û kanyane*
Partout des gémissements d'hommes, de héros, de braves, célèbres sous les balles, sous le feu	*Nale-nalê mêra, mêrxasa, e'gîta, navdara, bin tope, bin bazane*
À celui qui a gagné cette guerre, je serai le sacrifice de son frère[1]	*Eva şera k'ê xweşkirye, serê birayî qurbane*
Zeynav agha est kurde, aux yeux noirs et au nez de bélier	*Zeynev ax'aê kurdî, ç'evreşî, pozberane*
Lo, lo, Mîro, Bazirgan est détruite, une bataille a eu lieu à Dibûrî, Dibûrî	*Lo, lo, Mîro, şerekê me qewimye Bazirganî rengîn vî Dibûrî, vî Dibûrî, vî Dibûrî*
Emer a trois fois crié : « Zeynev Agha, frère »	*E'mera sê denga dike gazî, divê Zeynev ax'a, bira*
Les soldats *rum* infidèles rampent depuis le soir, tels des fourmis, tels des fourmis	*Eskerê k'afır Roma Reş êvarda dikişe mînanî mûrî, mînanî mûrî*
Zeynev agha a dit : « Frère Emer, tu seras mon frère, ne t'en fais pas »	*Zeynev ax'a divê : E'mero bira, birê minbîo, tu şayîşa nek'işîne*
Ton frère connaît leurs tactiques, du matin au soir ton frère se battra contre eux, et il vaincra, il vaincra	*Birê te fen-fêlê wana zane, sivêda birê te têke şer hetanî de'nê êvarê, wê bê raê bi destûrî, bi destûrê*
Ah, prière	*Ax, fermane*
Frère, prière sur les têtes de nos hommes kurdes	*Birao, fermane, fermana serê me herdu xortê kurdane*
Les *Rum* mènent une guerre sans pitié	*Şerê k'afırê Roma Reşe bi zorî, bi demane*

---

1 « Je serai le sacrifice de X » ou « Je serai ton sacrifice » sont des expressions omniprésentes dans les paroles mélodisées. Elles sont analysées au chapitre IX.

La souffrance sans remède, les balles de Mauser sont très grandes, faites qu'elles ne tombent même pas sous une pierre	*Derdê bê dermane, gullê mawîzerê digo mînanî k'eşkane, bira nekevin binê kevirane*
Je regarde le beau Kurdistan	*Ezê Kurdistana rengîn dinihêrim*
Le sang coule par torrents	*Xûnê dikişe forma cew û kanyane*
Partout des gémissements d'hommes, de héros, de braves, célèbres sous les balles, sous le feu	*Nale-nalê mêra, mêrxasa, e'gîta, navdara, bin tope, bin bazane*
Je serai le sacrifice du frère de celui qui a gagné cette guerre,	*Eva şera k'ê xweşkirye, serê birayî qurbabe*
Zeynav agha est kurde, aux yeux noirs et au nez de bélier.	*Zeynev ax'aê kurdî, ç'evreşî, pozberane.*

Dans la pièce noircie contenant, hormis le poêle et le tabouret, deux lits, un placard et le four creusé dans le sol (*ocax*), Binbaş a dit ces « paroles sur le héros » (*kilamê ser mêranîê*) d'une voix forte, assis sur un tabouret en bois, près du poêle éteint, l'index droit dans son oreille droite, les yeux à demi-fermés. L'auditoire était composé de sa femme, son neveu, un guérillero du PKK (Osman), un Kurde d'Irak (violoniste et ethnomusicologue), et moi-même. Nous écoutions tous en silence. Enlevant son index de l'oreille, Binbaş s'est assuré que nous avions bien compris les paroles : il a insisté sur les souffrances dans lesquelles Nazil est mort, sur la quantité de blessés et de défunts dans cette bataille. Puis, après avoir dit une série de *ax, ax, ax* et de *wey, wey, wey,* enfonçant à nouveau son index droit dans le creux de son oreille, Binbaş entonne une « parole sur le héros » pour Abdullah Öcalan, chef de la rébellion armée du PKK, emprisonné par les autorités turques depuis 1999 (**doc. 18**).

Lê waê...	*Lê waê...*
Malheureuse mère, combattants du Kurdistan	*Daê dêranê, eskerê Kurdistanê*
Le Kurdistan du nord est sorti, il a neigé	*Kurdistana Bakûr derket, berfê daê*
Les combattants du Kurdistan sont au Kurdistan nord, il a neigé	*Eskerê Kurdistanê Kurdistana Bakûr derket, berfê daê*
Abdullah fils Öcalan, sur le champ de bataille a crié trois fois	*Evdule lawê Ocelan serê meydanê sê denga dike gazî*
Les Turcs infidèles disent : « Rends-toi	*Divê k'afirê t'irkê Roma Reşe were raê*
Si tu ne te rends pas	*Hergê te naêy raê*
J'éradiquerai ton peuple de cette terre »	*Ezê k'oka te biqelînim rûbarê vê dinyaê*

Mère malheureuse	*Lê waê, daê dêranê*
C'est le printemps, un beau printemps	*Bahare, xweş bahare*
Printemps, mère malheureuse, beau printemps	*De bahare, daê dêranê, xweş bahare*
Abdullah Öcalan, fils d'Öcalan est prisonnier de la Turquie, il gémit dans la prison d'Imrali	*Evdulê Ocelan lawê Ocelan girtîê Roma Reş kela Îmralîêda pîr dinale*
Lê waê…	*Lê waê…*
Mère, printemps, les chagrins se sont ajoutés aux peines	*Daê dêranê, bahare, kula daye li ser derda*
Je regarde le Kurdistan du nord, partout l'herbe verdit	*De ezê Kurdistana Bakûr dinihêrim, gîha lê şîn dibe h'emû e'rda*
Si une bonne nouvelle pouvait être transmise à tous les clans du Kurdistan	*Xêra mala Xwedêra, mizgînîke xêrê bihata nav êl-e'şîra Kurdistanê*
On nous dirait qu'Abdullah Öcalan est relaché de la prison d'Imrali.	*Bigotana Evdule Ocelan kela Îmralîê xêr û şayê hate berdan.*

Binbaş a sans doute mélodisé ces paroles sur Abdullah Öcalan plus pour faire plaisir au guérillero présent que par conviction politique profonde. Il avait déjà rencontré Osman, originaire de la ville de Batman (Turquie) lors des fêtes du village dans lesquelles les guérilleros ne manquent pas de faire de la propagande politico-culturelle… Apprenant que ni Nahro ni moi-même n'étions des *apoci* (guérilleros)[1], il s'est empressé de passer à d'autres répertoires, sans mentionner à nouveau ni le PKK ni Öcalan. Ces « paroles sur » Öcalan ont la rare particularité de ne pas avoir une fin trop noire : l'herbe verdit, et on attend la bonne nouvelle de la libération du leader… Binbaş écrase son mégot sur le sol de la pièce en terre battue, ajoute une brique de tourbe dans le poêle brûlant et, plantant à nouveau son index droit dans le creux de l'oreille, il conte alors l'histoire de général Jahangir Agha **(doc. 1)**, élevé au rang d'« ennemi juré de Mustafa Kemal Atatürk ».

Wî lo, lo, lo…	*Wî lo, lo, lo…*
Wî lo, lo, lo… père de Bava	*Wî lo, lo, lo…, bavî Bava*
Wî lo, lo, lo…	*Wî lo, lo, lo…*

---

1 *Apoci* désigne les guérilleros du PKK. Le terme est formé à partir du mot *apo* : oncle paternel. *Apo* désigne ici Abdullah Öcalan, leader de la lutte armée. Le suffixe *–ci* vient du turc et signifie ceux qui appartiennent à cette cause ou cet objet. Il peut désigner selon les cas une activité ou une affiliation.

Hey père, ma tête brûle comme si elle était au feu

Hey lo bavo, germa halê serê mida germistanê

Wey, messire, ma tête brûle comme si elle était au feu

Wey, maqûlo, germa halê serê mida germistanê

Jahangir Agha, père de Bava a détruit sa tente[1]

Cangîr ax'a – bavê Bava çadira xwe vegirtye

Dans la plaine de Mûş, à la frontière avec l'Iran

Textê Mûşê ser sînorê vê Îranê

Le père de Bava avec un groupe de cavaliers a détruit sa tente dans la plaine de Mûş, à la frontière avec l'Iran

Bavê Bava bir'e syara çadira xwe vegirtye textê Mûşê ser sînorê vê Îranê

Quand le père de Bava n'avait pas assez de cavaliers

Gava ser serê bavê Bava divû xelaya mêra

Si quelques cavaliers des clans du Kurdistan avaient pu lui venir en aide

De bira pêva derketa çend syarê e'şîreta Kurdistanê

Wî lo, lo, lo…

Wî lo, lo, lo…

Heylo père, je suis tombé sur les épines de la terre de Dêrcemed

Heylo, bavo, wezê Dêrcemeda xopan ketim wê bi pûşe

Wey, messire, je suis tombé sur les épines de la magnifique terre de Dêrcemed

Wey, maqûlo, ezê Dêrcemeda rengîn ketim wê bi pûşe

Le cheval Kodir Herço[2], sous le père de Bava, comme si Jahangir Agha s'en prenait à lui

Hespê K'odir H'erç'o bin bavê Bava Cangîr ax'ada dimeşe mînanî teyrê qereqûşe

Voilà déjà trois jours et trois nuits qu'il a mis en déroute 1700 soldats turcs

Eva serê sê roja, sê şevane berî h'ezar hevsid mêrê t'irk daye

Ce messire a dispersé et détruit les forces de l'ennemi

Evî maqûlî ji hev qetandye tengilqûşe

Wî lo, lo, lo…

Wî lo, lo, lo…

Heylo, père, le père de Bava s'est assis sur Kodir

Heylo, bavo, bavê Bava K'odir syar bû

Wî lo, lo, lo…

Wî lo, lo, lo…

Heylo, père, Kodir est parti au galop

Heylo, bavo, K'odir ba bû

Il s'est assis sur un nouveau cheval, le cheval a lentement commencé à marcher

Hespekî dinê syar bû, hespê binda dimilmilî

---

1   La tente est ici à comprendre au sens de foyer.

2   On peut relever l'importance du cheval dans les paroles épiques : il fait corps avec le héros. Dans le passé, en cas de décès d'un « héros », le cheval participait au rituel de deuil : chargé des beaux habits, couteaux et fusils de son maître, le cheval devançait le cercueil sur la route pour le cimetière. Cette pratique, appelée rituel de *Kotel* a quasiment disparu aujourd'hui dans les villages yézidis d'Arménie (pour une description détaillée, voir Rudenko 1982 : 65-68). La tombe du défunt était également sculptée à l'effigie du cheval du héros et le nom du cheval était parfois gravé sur la tombe (Aristova 1966 :191).

DEUXIÈME PARTIE

PROCÉDÉS SONORES ET POÉTIQUES
DE LA PAROLE MÉLODISÉE

CHANTER LA JOIE, DIRE LA PEINE

Les paroles mélodisées (*kilamê ser*) diffèrent de la parole quotidienne (*axavtin*) à la fois par leur contenu sémantique et poétique et par un usage spécifique des hauteurs. Dans la typologie locale elles sont également distinctes des chants (*stran*). Le choix de dire des paroles tristes en les mélodisant sans les considérer comme des chants (*stran*) est intéressant à plusieurs égards. Pourquoi en effet donner un statut particulier à ces énoncés de peine ? Qu'est-ce que la mélodisation ajoute à ces paroles ? Ce chapitre portera sur l'analyse du rapport entre *stran* et *kilamê ser* au plan musical et sémantique.

DES CHANTS SANS PAROLE

Les répertoires appelés *stran* (chant) sont joués principalement lors des mariages ou de certaines fêtes calendaires. Intimement liés à la fête et à la danse, les *stran* peuvent être chantés en groupe (forme responsoriale) ou par un chanteur soliste accompagné d'un synthétiseur, mais ils sont le plus souvent joués au *zurna* et au *dohol*.

Aux dires de tous, les paroles des *stran* ne sont pas importantes. Elles sont souvent répétitives et parfois décousues. Dans l'exemple suivant (**doc. 19**), les paroles glorifient l'invitée (*mêvan*) du foyer : la bru.

L'invitée joue, la bien-aimée danse	*Mêvan lêdixe, yar dilîze*
Invitée, invitée, invitée, chère invitée	*Mevan, mêvan, mêvan can*
Quelle précieuse invitée	*Çi mêvanekî e'zîze*
Bienvenue dans la maison de mon père	*Keremke şênya bavê min*
Invitée, invitée, invitée, chère invitée	*Mevan, mêvan, mêvan can*
Invitée, invitée, invitée, chère invitée	*Mevan, mêvan, mêvan can*

L'invitée joue, la bien-aimée danse	*Mêvan lêdixe, yar dilîze*
Invitée, invitée, invitée, chère invitée.	*Mevan, mêvan, mêvan can.*

 Le chant suivant, chanté par Binbaş et son neveu est lui aussi représentatif de la répétitivité des paroles (**doc. 20**). Le sujet est également assez classique : une comparaison entre le *zozan* (les alpages) et une jeune fille. Les deux premiers vers sont chantés par Binbaş, les deux suivants par son neveu et ainsi de suite.

Similo, Lîlan, Lîlan	*Similo, Lîlan bi Lîlane*
Cano, Lîlan, Lîlan	*Cano, Lîlan bi Lîlane*
Similo, Lîlan, Lîlan	*Similo, Lîlan bi Lîlane*
Cano, Lîlan, Lîlan	*Cano, Lîlan bi Lîlane.*
Similo, poitrine dorée comme un pâturage de montagne	*Similo, sîngê zêr zozane*
Cano, Lîlan, comme un pâturage doré de montagne	*Cano, Lîlan zêr zozane*
Similo, poitrine dorée comme un pâturage de montagne	*Similo, sîngê zêr zozane*
Cano, Lîlan, comme un pâturage doré de montagne	*Cano, Lîlan zêr zozane.*
C'est le pâturage de ces jeunes gens	*Ew zozana van xortane*
Similo, Lîlan, Lîlan	*Similo, Lîlan bi Lîlane*
C'est le pâturage de ces jeunes gens	*Ew zozana van xortane*
Similo, Lîlan, Lîlan	*Similo, Lîlan bi Lîlane.*
Similo, Lîlan, comme un pâturage doré de montagne	*Similo, Lîlan zer zozane*
[…]	*[…]*

Si le contenu sémantique ne joue qu'un rôle secondaire dans les *stran*, il revêt en revanche une importance capitale dans les « paroles sur » (*kilamê ser*).

LE POIDS DES MOTS

Les « paroles sur » peuvent être entendues dans des occasions diverses. Elles sont très présentes dans les funérailles et les fêtes calendaires estivales (fêtes des tombeaux – *roja mezela*), mais elles dépassent largement le cadre funèbre. Autrefois, ces paroles étaient aussi énoncées lors de veillées appelées *diwan*. Depuis l'arrivée des postes de télévision dans les maisons, ces veillées ont disparu et les soirs où l'on chante sont plus rares, mais on entend souvent les « paroles sur » de manière informelle, au hasard d'une fenêtre ouverte ou au détour d'une conversation. Des « paroles sur » peuvent en effet être insérées dans une conversation dès qu'un sujet relatif à la peine est abordé.

Les *kilamê ser* sont aisément qualifiables de chant pour des oreilles non yézidies : les paroles sont énoncées sur une ligne mélodique clairement définie. Mais pour les Yézidis, les *kilamê ser* diffèrent radicalement des *stran*, considérés comme du chant. Dans les commentaires des Yézidis, ces « paroles sur » peuvent se décliner de multiples manières : paroles sur l'exil *(kilamê ser xerîbîê)*, paroles sur l'héroïsme *(kilamê ser mêranîê)*, paroles sur les funérailles *(kilamê ser şinê)*, paroles sur le défunt *(kilamê ser mirya)*, paroles sur le malheur *(kilamê ser dêranê)*, paroles de nostalgie lourde *(kilamê ya derda)*… Toutes ces énonciations évoluent dans la même sphère affective. Quelques exemples supplémentaires de *kilamê ser* nous permettront de comprendre l'unité de ce genre en même temps que sa diversité.

PAROLES SUR LE DÉFUNT

De toutes les « paroles sur », celles sur le défunt sont certainement les plus répandues. Omniprésentes dans les funérailles et dans les fêtes de tombeaux, elles peuvent aussi être dites au quotidien par les femmes endeuillées. Lors des rituels funéraires, les « paroles sur le défunt » *(kilamê ser mirya)* peuvent être énoncées par tous : hommes et femmes participant au rituel, chanteur professionnel embauché avec ses deux joueurs de *duduk*, ou encore, hommes *şêx* et *pîr* auxquels des « paroles sur le défunt » sont commandées (contre rémunération). L'exemple suivant a été énoncé lors des funérailles d'Ezo en 2005. L'énonciatrice, une femme d'une cinquantaine d'années, est connue pour participer à toutes les funérailles du village de Rya Taze et de la région d'Aparan[1]. Sa voix est forte et puissante. Elle manipule le verbe funèbre avec dextérité : ses « paroles sur », à la fois adaptées aux funérailles d'Ezo et assez générales pour rappeler l'ensemble des deuils, ne laissent personne indifférent. Les

---

1   On peut entendre d'autres *kilamê ser* de cette énonciatrice dans les doc. 21 et 22.

femmes sanglotent et gémissent, et les hommes, debout sur le pas de la porte, enfoncent leur tête dans leurs épaules, laissant couler leurs larmes.

Nous dirons à nouveau : « Quel dommage pour ce jeune homme qui s'est pendu »	*Emê dîsa bêjin yazix xortê xezevê*
De lê waê, je dis : « Sûkê malheureuse, allons au marché »	*De lê waê, ezê bêjim Sûkê merûmê, emê herne sûkê*
J'achèterai pour mon Ezo des habits de marié, le voile de la mariée	*Ezê Ezoê xwera bazarkim kincê zevê, xêlya bûkê*
Que je sois le sacrifice des défunts de la maison de mon père	*Ez qurbana mirîê mala bavê xwebim*
Foyer paternel, pourvu que la maison ne brûle pas	*Mala bavê, omid-êşana, neşewite*
Je ne sais pas qui a été maudit	*Nizam nifira kê bû*
Que le fiancé n'aille pas tirer le voile de la fiancée[1]	*Go bira zeva neçe ber perda bûkê*
Malheureuse, malheureuse, malheureuse	*Dêran, dêran, dêran, dêran, dêran*
Lê lê waê, Ezo, mes yeux, fils	*Lê lê waê, Ezo, ç'ara min, lao*
Beaucoup de lions de la maison de mon père sont partis	*Gele şêrê mala bavê te çûne*
Qui d'un infarctus, qui brûlé, qui d'un accident de la route, que la mère soit malheureuse	*Herç'ê înfartêye, axê şewatêye, birînê ox'irêye, serê daykê kurbe*
Blessés d'un cancer, nœud mortel	*Birînê kulêye, kapê xezevêye*
Que la maison du père des mères et des sœurs ne brûle pas	*Bira mala bavê dayîk, xayînga neşewite*
Je ne sais pas quoi, ni pour quelle raison	*Ez nizanim çye, çi menêye*
Que ma mère soit malheureuse, le maître de maison des tombes vieilles et fraîches.	*Go serê dya min kurbe, xenji malxuê gorê kevn-tezene*
De lê waê, de lê waê, mère folle de chagrin	*De lê waê, de lê waê, delîlê daê*
Chère à mon cœur, c'est vrai, il dit : « Je vais me tuer »	*Delala dilê minê, raste, divê ezê xwe bikujim*
Voilà déjà quatre ans, que la région natale de mon père est noire	*Eva serê çar salane warê bavê min reşe*
Le malheur entre dans le cœur des hommes, les gens se lamentent sur la cime de la montagne	*Kul bikeve dilê meryada, merî xwera ser serê ç'ya dinale*

---

1   La fiancée était autrefois couverte d'un voile pendant une partie de la cérémonie, jusqu'à ce que le mari soulève le voile, découvrant son visage. Cette pratique n'est plus pratiquée par les Yézidis d'Arménie, mais elle peut être évoquée dans les chants et « paroles sur ».

Le jeune cœur tombe sous terre	*Canya can dikeve binê erdê*
Malheureux, Ezo, mes yeux, ma soirée est devenue sombre	*Delalê, Ezo, ç'ara min, êvara min bû terî*
Que ma mère soit malheureuse, je ne sais pas, en ce petit matin	*Serê dya min kurbe, nizanim, vê sibê şebeqê*
Je ne sais pas quel feu a plu sur mon jeune corps	*Nizanim, çi agir bû ser canya mine cahilda barî*
Je ne sais pas, mère aux cheveux coupés courts	*Ez nizanim, dayka porkur seqirye*
Ezo âgé de vingt et un ans s'est pendu	*Ezoê bîstyek salî ketye kapê xezevêda*
J'ai dit : « Que ta mère soit malheureuse, qu'elle ne puisse pas s'endormir »	*Go serê dya te kurbe, dya te xew nakeve ç'eva*
Malheureuse, malheureuse, malheureuse, personne n'y a cru, fils	*Dêranê, dêranê, dêranê, kesî bawer nedikir, lao*
Ezo a dit : « Voilà déjà trois jours que je vois en rêve mon frère à la gare »	*Ezo go : eva sê roje birê xwe vakzalêda divînim*
Il a dit : « Nous nous sommes salués », j'ai dit : « Fils, comment allez-vous ? »	*Go em çûne dest-rûê hevda, min gotye kuro, hûn çawanin*
Il a dit : « Grâce à Dieu, nous sommes vivants et en bonne santé »	*Gotye em şikir sax' û silametin*
De bê waê, fils, tous n'avaient que des compliments à ton égard	*De bê waê, lao, gişta payê te dida, xwezî*
Si une personne avait dit : « Il n'est pas si bon », notre cœur ne souffrirait pas tant	*Xwezî yekî bigota yekî xirave, wekî dilê me neêşya*
Les gens ont pleuré amèrement et ont dit : « Nous l'avons élevé »	*Cimetê ç'evê xwe derdixist, digo xweykiryê meye*
Il avait vingt et un ans, il a grandi entre nos mains	*Bîstyek salîye, destê meda mezin bûye*
Oui, fils, si alors ton frère avait pu sortir avec toi	*Erê, lao, xwezî hîngê birê te teva derketa*
Si ton frère avait regardé vers ta porte	*Bira dîna xwe bida ber derê teda*
Malheureuse, malheureuse, malheureuse	*Dêranê, dêranê, dêranê*
Je suis malheureuse pour ton bonheur perdu, fils	*Ez dêrana bext-mirazê teme, lao*
De lê waê, allez, ne fais pas cet hiver	*De lê waê, were vê yekê vê zivistanê neke*
J'ai dit : « Frère, va, sauve-moi »	*Go birao, were min xilazke*
Malheureuse, la poitrine du beau Ezo, de belle carrure	*Dêranê, gaz-gerdenê Ezo kawî-kubar, bejna bilind*
De lê waê, si à la place du nœud mortel il y avait eu mon lait	*De lê waê, wekî kapê xezevê dewsa şîrê min bûya*

Si tu avais dit : « Mère, je mourrai un jour comme celui-ci », ta mère serait malheureuse
Te bigota : daê, ezê filan rojê bimrim, dayka te qertelbe

De lê waê, j'ai dit : « Tombe, tombe »
De lê waê, mi go : mezelo, ha mezelo

Deux serpents à la tête dorée en sortent
Wê jê derkeve cote tîreme'rê serzero

Ils ont bu le sang des jeunes filles et des femmes âgées, fils
Xwerine xûna kalik-pîrikano, lao

Fils, je serai ton sacrifice
Gelo lao, qurbana teme

Je ne sais quoi dire
Ez nizanim çi bêjim

Pour ta grande taille je suis devenue aveugle
Bona bejn û bala te kere-gêjim

Que ta mère soit malheureuse, je ne sais avec qui partager mon chagrin.
Dayka te qertelbe, ez nizanim derd û kulê xwe kêra bêjim.

Cette « parole sur le mort » est assez représentative des énoncés funèbres des femmes. On peut relever la thématique du sacrifice de soi (« Je serai le sacrifice de la maison de ton père »), les formules de peine telles *lê lê waê* et l'usage du discours rapporté pour « faire parler » différents acteurs. Autant de traits sur lesquels nous aurons à revenir.

PAROLES SUR L'EXIL

Les paroles d'exil ou de malheur sont le plus souvent énoncées par les femmes dans les cuisines ou en berçant les enfants. L'exemple suivant a été chanté par Altûn, dans sa cuisine, surveillant du coin de l'œil ses petits-enfants qui jouaient sur le sol en terre battue avec l'emballage en plastique de son glucomètre à usage unique (**doc. 23**).

Je suis un poussin du matin
Cûcika sivême

Sous les rayons du soleil
Ber p'er'ê roême

Oy, oy, oy, je suis étrangère
Oy, oy, oy, xerîbim

Oy, oy, oy, je suis un chevalier
Oy, oy, oy, cindîme

Oy, oy, oy, je suis étrangère
Oy, oy, oy, xerîbim

L'étranger a été emporté, emporté
Xerîb birin, birin

Mon bien aimé a été emporté, emporté
Delal birin, birin

Le maître de maison a été emporté
Malxêd mala birin

Les jeunes hommes ont peigné leurs cheveux
Xortê tûrê tûncikê wan şekirin

Ils ont vêtu les habits de marié
Kincê zevatîê lêkirin

Oy, oy, oy, je suis étrangère
Oy, oy, oy, xerîbim

Oy, oy, oy, je suis un chevalier	*Oy, oy, oy, cindîme*
Oy, oy, oy, je suis étrangère	*Oy, oy, oy, xerîbim*
Baluchon, baluchon	*Xurjîne, xurjîne*
Tout est vert, bleu	*Temam keske, şîne*
Grâce à Dieu, j'ai dit, mon frère a un fils	*Şikir mi go warê birê min şîne*
Mais mon fils et le fils de mon frère n'ont pas de fils	*Lê kurê min, kurê birê min ne şîne*
Oy, oy, oy, je suis étrangère	*Oy, oy, oy, xerîbim*
Les moutons sont arrivés aux portes du moulin	*Pez hatin derê aşa*
Les rubans se sont dénoués	*Qeytan bûn qumaşa*
Que les sœurs soient le sacrifice des frères	*Xûşk qurbana bira*
Que les mères soient le sacrifice des fils	*Dê qurbana kura*
Oy, oy, oy, je suis étrangère	*Oy, oy, oy, xerîbim*
Oy, oy, oy, je suis un chevalier	*Oy, oy, oy, cindîme*
Je suis un poussin du matin	*Cûcika sivême*
Sous les rayons du soleil	*Ber p'er'ê roême*
Oy, oy, oy, je suis étrangère.	*Oy, oy, oy, xerîbim.*

On peut remarquer que les paroles ont bien des points communs avec les énoncés funèbres. On y retrouve notamment les thèmes de l'exil (« Je suis étrangère », « Baluchon ») et du sacrifice (« Que les mères soient le sacrifice des fils », « Que les sœurs soient le sacrifice des frères »). Ces mêmes paroles pourraient être énoncées lors de funérailles. Il en va de même pour la ligne mélodique : il n'y a aucune différence structurelle avec les énoncés funèbres ou épiques, si ce n'est la tension de la voix, les sanglots, qui sont en général moins présents hors des funérailles. Ce jour-là, Altûn a conclu son *kilamê ser* en disant : « Les enfants de ma fille sont dans la pièce, ils sont petits, mieux vaut qu'ils ne pleurent pas maintenant, ils pleureront plus tard[1] ».

LA FÊTE DES TOMBEAUX

La fête des tombeaux (*roja mezela*) est un autre moment important dans lequel les énoncés funèbres, épiques et d'exil se mêlent. Cette fête calendaire a lieu une à deux fois l'an (lors des équinoxes et solstices d'été) dans les cimetières. Les « paroles sur » qui sont énoncées lors des

---

1   « *Zarokên qiza mine li odaxe, piçûkin, bira nagrîn niha, paşê bigrîn* ».

fêtes des tombeaux parlent du mort, de son exil, de l'exil des vivants (y compris ceux qui sont rentrés d'exil pour cette fête), mais aussi de la vie exemplaire menée par le défunt et de celle, dure, menée par les vivants. À la fête des tombeaux, les *kilamê ser* combinent ainsi mort, exil et épos qui sont, le reste du temps, séparés. L'exemple suivant a été énoncé en septembre 2006 dans le cimetière du village de Feriq (Hoktemberian). Assise sur la tombe de son frère, l'énonciatrice s'adresse à l'épouse du défunt (assise à ses côtés), ainsi qu'à son frère (tournant alors le visage vers son image gravée sur le marbre noir de la pierre tombale). Plus tard, ce sera au tour de la sœur aînée d'énoncer un *kilamê ser*. (doc. 24).

Mon frère, ne fais pas ce qui me ferait perdre un frère	*Bire mino, navê biratîê min neke qatî*
Mon frère, tes sœurs et frères t'attendent	*Bire mino, wete ç'evê xûşka biranga rênga teye*
Mes frères en exil, comme c'est dur, si dur	*Bire min xerîbîêda usa guneye, usa guneye*
J'ai dit : « Qulî, mon frère, ça suffit, tu es si fatigué de faire la route »	*Min digo Qulî, bire mino, bese, vê rê tu diwestî*
Il a répondu : « Malheureuse, je suis malade et c'est pour cela que je fais tant d'allers-retours »	*Digo qertelê, ez nexweşim, lema zû diçim-têm*
Tu n'as pas dit que tu étais si pressé et que tu partirais	*Te qe ne digo ez lezim, ezê herim*
Mais je vais faire du cimetière de Kûrekendê mon refuge	*Lê mezelê K'ûrek'endê xwera têkime cî-miskene*
Tu as dit : « Malheureuse, tu ne sais pas ce qui se passe dans ce monde »	*Te digo qertelê, tu qe haj baê dinê tuneyî*
Şavo est si malade, c'est pour cela que je pars en Russie et c'est là-bas que je mourrai	*Şavo usa qolayîye, ezî lezim, ez lema diçim Ûrisêtê, ezê bimrim*
La main de Şavo l'a pris et emmené, mon frère	*Destê Şavo barkirye, bire mino*
Et tu as laissé tous les soucis sur les épaules de Sûro	*Te toqê gişta hîştye hîvya Sûro*
Mais, mon frère, je ne rendrai pas visite à ta mère	*Lê bire mino, ezê naçim ser dayka teda*
Mon frère, ta mère est quelqu'un de bien	*Bire mino, dayka te daykeke usa heyfe*
Je dirai : « Lê-lê, maman »	*Ezê bêjim, lê-lê daê*
Firyaz a une mère, elle est dans les pâturages	*Daykeke Firyazê heye li zozanî*

Mon frère, je serai ton sacrifice	*Birê mino, ez qurbana teme*
J'ai dit : « La tente de mon frère est dans les montagnes de Qeredax »	*Go ç'yayê Qeredax'ê kilêsê birê min lê danî*
J'ai dit : « *Hey lê* mère, *hey lê* mère, *hey lê* mère »	*Go hey lê daê, hey lê daê, hey lê daê*
Ton frère a accompli un miracle	*Bê te kire kirê-kiranî*
Je vous en conjure, Dieu en est témoin, la mère de Qulî ne veut pas voir la tente à Qeredax, dans un coin sombre	*Bextê weme, Xwedêva e'yane dayka Qulî qe naxwaze kilêsa Qeredax'ê qulç'ekî tarî*
Je vous en conjure, quelqu'un souffre et gémit	*Bextê weme, herç'ê dike wa lê dinalî*
J'ai dit : « Je dirai à Gohar et Firyaz	*Go ezê bêjime Goharê, Firyazê*
Qu'elles aillent chercher un médecin »	*Bira bînin bijîşkekî talî lê bêne alî*
Lê, mon frère, ta maison est sans maître et sans maîtresse	*Lê birê mino, mala te ne malxuêye, ne kevanî*
J'ai dit : « À l'automne, les clans et familles descendent de la montagne, mon frère »	*Go payîzê, êlê e'şîra dageryane, bire mino*
J'ai dit : « Les maîtresses de grandes maisonnées y ont tout préparé »	*Go kevanîê malê giran warê xwe danîne*
J'ai dit : « Mon frère, les maîtresses telle ma mère ont battu leur beurre »	*Lê bire mino, kevanîê mîna dayka min rûnê xwe h'elandin*
J'ai dit : « Firyaz, malheureuse, viens me rendre visite »	*Go Firyaz, qertelê ser minda were*
J'ai dit : « Les filles, comme Sûsan, qui sont sans père et sans mère, sont chassées des tentes »	*Go zerîê mînanî Sûsanê bê dê, bê bav, konê wan derdixin*
Oui, mon frère, lève-toi, monte à cheval, tu es si beau sur ton cheval,	*Erê, bire mino, hela rabe, syarbe, syar bi te tê*
Dieu en est témoin, le chauffeur de la « 21 » [type de voiture de la marque Volga] a les mains sur le volant, mon frère	*Xwedêva e'yane, şofêrê bîstyekê milê rûlê, birê mino*
J'ai dit : « L'hôpital de Massis est solide »	*Go balnîsa Eklêza Masîvê kevirî xweşe*
J'ai dit : « Malheureuse, je dirai Sûro, je t'en conjure, au nom de ton fils »	*Go qertelê ser mida ezê bêjim Sûro, bextê kurê teme*
Viens, amène un bon médecin au père de Cemal	*Were doxtirekî bavê Cemalra bike nase*
Lê, frère, mon frère	*Lê birê mino, birê mino*
Quand le docteur est arrivé, mon frère, il a mal fait une piqûre	*Çaxê doxtir hate ser te, birê mino, bêxweya serê derzya wî piştêye*

J'ai dit : « Cette piqûre était mortelle »	*Go binê derzya wî gulleye*
Quand le docteur de Qulî, mère malheureuse, il a secoué la tête et s'est mordu la lèvre	*Çaxê doxtirê Qulî, daykê dêranê serê xwe hejand, lêvê xwe gest*
Ey, mon frère, je serai ton sacrifice, mon frère	*Ey, birê mino, ez qurbana teme, ey, birê mino*
Je perds mon frère de sang, mon très cher	*Te'mê dê-bava min biryao, birê mino*
Oui, je serai ton sacrifice, tu es fatigué, exténué, éreinté	*Ez qurbana teme, tu westyayî, tu kesirî, te cefa dîto*
Tu étais un voyageur, ô mes ailes, mon très cher	*Tu rêwîbûyî, p'er'ê mino, birê mino*
Oui, je serai le sacrifice de tes mains en or d'orfèvre, mon frère	*Ez qurbana tilî-pêç'îê zîrkerame cêva zêra, birê mino*
Almast, pourquoi ne dis-tu pas quelque chose sur Qulî, tu deviens aveugle, *lê* Almast.	*Almast, tu çima yekê ser Qulî navêjî, ç'evê te birêje, lê Almastê.*

Cette « parole sur » ressemble fort à un énoncé funèbre. Elle évoque cependant aussi l'été passé dans les pâturages (*zozan*), ainsi que divers autres faits de la vie du défunt et des vivants… Parfois, le ton est plus épique, plus détaché, notamment lorsque ces énoncés sont le fait de professionnels (*şêx*, *pîr* ou chanteur spécialiste *mirîd*), ou d'hommes de la famille.

LA PAROLE DU *DUDUK*

Pour dire des « paroles sur », il n'est pas nécessaire de les énoncer verbalement. Des « paroles sur » peuvent être « dites » dans un contexte funèbre ou épique par la seule musique d'un hautbois, le *duduk*. Aux dires de mes interlocuteurs la parole du *duduk* est à la fois l'exil, le « *wey lê minê* », et rappelle à chaque instant, ne serait-ce que par sa seule présence, l'ensemble des paroles de peine. « *Wey lê minê* » est une formule au sémantisme assez obscur (littéralement *wey* à moi) qui renvoie cependant à des sentiments très clairs de peine partagée. Elle souligne à elle seule que dans la lamentation verbalisée elle-même, tout n'est pas nécessairement « parole » au sens linguistique habituel.

Les *duduk* sont en général joués par deux : un instrumentiste tient un bourdon, l'autre joue, en alternance avec le chanteur, des phrases mélodiques proches de la voix mais souvent plus ornementées (aussi bien en contexte funèbre que pour des *kilamê ser* épiques). Cette alternance entre la voix et le *duduk* peut donner l'impression d'une discussion, un sentiment renforcé par l'appellation « parole sur ». Mais reste à savoir si cette alternance prend la forme d'un échange discursif entre la voix et le *duduk* (qui présenteraient alors des arguments différents dans leur rhétorique), ou s'il s'agit de la répétition du même discours, énoncé tour à tour à la voix et au *duduk*. Les *kilamê ser* vocaux et instrumentaux sont en effet construits sur un principe de construction mélodique semblable. La différence essentielle est que le *duduk* parle sans lexicalité. Dans ses courbes mélodiques identiques à celles de la « parole sur » vocale mais vides de lexicalité, chacun peut imaginer le contenu qu'il veut.

Joué avec la technique du souffle continu, le *duduk* émet des sons doux et relativement graves. Il est utilisé uniquement dans les répertoires de l'affliction : « paroles sur » le mort, « paroles sur » le héros, « paroles sur » l'exil.... Les Yézidis disent que le *duduk* suggère des paroles douloureuses, des pleurs. Pour les Arméniens aussi, le *duduk* est l'instrument qui « parle à l'âme » (*Дудук душе говорит*). Laura, Arménienne d'Érévan, dit :

> « Quand j'entends le *duduk*, je vois devant mes yeux les montagnes arméniennes, les étendues vastes et les bergers. Le *zurna* ne rappelle jamais la montagne, mais l'imaginaire du *duduk* est celui de la montagne, de la solitude et de la ligne d'horizon au loin[1] ».

Associé à de larges espaces (les montagnes, le pâturage *zozan*), à une vue dégagée (la vue vers la plaine), le *duduk* rappelle des souvenirs douloureux. L'Ararat fait partie de l'imaginaire associé au *duduk*. C'est un mont mythique pour les Arméniens, visible de nombreux points d'Arménie, mais inaccessible puisqu'il se trouve dans les frontières de la Turquie. Pour les Yézidis aussi, l'Ararat représente les terres qu'ils ont quittées en 1828-1829 et 1915-1916. Le *duduk* incarne ainsi la peine partagée, le malheur communautaire. Il est l'instrument de l'exil et de la mort. On dit du *duduk* qu'il « pleure sur notre destin » (*digrê ser felekê me*) et que personne ne peut l'écouter sans verser une larme.

---

1   « *Когда голос нашего дудука звучит, я перед глазами вижу армянские горы, открытое пространство и пастухи. Зурна нечего делать там, а мир дудука есть горы, одиночество и небосклон* ».

Le *duduk* a le statut non controversé de parole, mais à la différence du jeu du balafon en Côte d'Ivoire (Zemp 2004) ou du langage tambouriné au Ghana (Nketia 1963), dans le jeu du *duduk*, il n'y a pas de correspondance entre un motif mélodique ou rythmique et une phrase ou un mot. Personne ne peut « traduire » en mots le jeu du *duduk*. Le lien entre musique et parole se situe à un autre niveau : celui de l'évocation d'un discours triste, du rappel d'une « parole sur » vocale sans qu'il y ait de correspondance stricte entre une mélodie et une phrase.

CARACTÉRISTIQUES DU « CHANT »

Les *stran* vocaux, mesurés, sont en général chantés sans accompagnement instrumental. La forme est une alternance (AA-BB ou plus fréquemment AB-AB) entre deux chanteurs ou deux groupes de chanteurs. Les *stran* sont toujours liés à la danse. En ronde, main dans la main et épaules jointes, les pas des danseurs, plus ou moins complexes, sont systématiquement couplés avec des mouvements verticaux du corps entier ou des épaules[1]. Tous effectuent des mouvements identiques, à l'exception du danseur à la tête de la ronde (*serê govendê*) qui bénéficie d'une liberté de mouvement plus grande. De sa main libre, il tient un foulard qu'il agite, et, prenant appui sur le deuxième danseur de son bras gauche, il effectue des pas plus larges, plus sautés, plus variés que les autres danseurs[2]. Les joueurs de *zurna* et *dohol*, professionnels conviés pour l'occasion, se placent en général au centre du cercle des danseurs.

---

1 Pour certaines rondes, les danseurs posent leurs mains sur les épaules de leurs voisins, pour d'autres, ils se tiennent par la main ou par le bras entier ou par l'auriculaire. Les Yézidis caractérisent les danses avant tout par leur caractère lent ou rapide et par la position des mains. Si les danses en rond sont de loin les plus courantes, il existe également une danse plus individuelle, utilisée notamment lors de la procession vers la maison du marié (doc. 27 et 28). Cette danse est caractérisée par le mouvement des bras : coudes fixes à la hauteur des épaules, les paumes des mains tournées vers le ciel effectuent des mouvements circulaires sur elles-mêmes. Très répandue dans les fêtes arméniennes, cette danse n'existe pas chez les Kurdes de Turquie. Les Yézidis du Caucase disent qu'elle est apparue au contact des Arméniens. Les guérilleros du PKK ne manquent pas de dire, à la vue de cette danse : « *otantik nine* », ce n'est pas « *otantik* » (authentique).

2 Souvent mixtes, les rondes ont cependant souvent des espaces séparés : la tête de la ronde est occupée par les hommes, et la queue par les femmes.

L'heure est à la joie. Les danseurs et le public glissent des billets sous la lanière tenue en bandoulière du *dohol*. Rémunération des musiciens, cette somme, affichée aux yeux de tous, est aussi un témoin de la réussite de la fête (**doc. 25 et 26**).

La construction mélodique, rythmique et sémantique des *stran* suit les pas de la danse. La ligne mélodique est répétitive. Par exemple, le chant *zozan* (pâturage estival) a une ligne mélodique d'une seule phrase, toujours identique (**doc. 20, Fig. 3**). Le premier chanteur chante deux fois la phrase mélodique avec des paroles différentes. Le deuxième chanteur répétera à l'identique.

La répétitivité de la mélodie et des paroles donne le sentiment d'un chant sans début ni fin. Le temps d'énonciation de ces chants varie en fonction de la demande : il peut être arrêté au milieu ou recommencé en boucle si besoin est.

Les rondes (*govend*) sont parfois accompagnées de chants responsoriaux. Les chanteurs sont alors au moins deux, mais ils peuvent aussi être plus nombreux (quatre, six, etc.). Hommes et femmes peuvent chanter ces répertoires. Quand l'exécution est mixte, les hommes chantent la première phrase, les femmes chantent la réponse. Les chanteurs sont en même temps danseurs. La musique vient donc de la ronde elle-même. L'association entre chant et danse est liée à ce rôle double des chanteurs-danseurs. C'est en tout cas la communion des gestes, de la musique et de la poésie qui fait sens : l'image du *stran* est celle du mouvement, du rebond des épaules présent dans les danses. Chant et danse sont ainsi intimement liés. Mais le plus souvent les rondes sont aujourd'hui accompagnées du *zurna* et du *dohol*.

La musique du *zurna* est également appelée *stran*. Le *zurna* est un hautbois joué avec la technique du souffle continu, comme le *duduk*. Il joue dans un registre relativement aigu (plus aigu que le *duduk*) et est toujours accompagné du *dohol*. Le même terme (*stran*) qualifie donc les énoncés vocaux et instrumentaux. Les mélodies[1] du *zurna* et les *stran* vocaux sont construits selon les mêmes principes. Les mélodies du *zurna* sont elles aussi mesurées et correspondent parfois à des chants responsoriaux de

---

1   Les musiciens yézidis d'Arménie n'emploient en général aucun terme kurde pour « mélodie », mais ils emploient parfois le terme russe « mélodia » (мелодия). La littérature kurde des pays avoisinants emploie les mots *awaz, saz, neghme, nizim, gotin*. Parfois, enfin, le mot *stran* est employé pour mélodie.

forme AA – BB ou AB – AB (**doc. 29**). Le joueur de *zurna* peut enchaî-
ner différentes mélodies sans s'arrêter. Si le rythme est identique, rien ne
change pour la danse ni pour le *dohol*. Parfois aussi, le joueur de *zurna*
change de rythme de danse : le *dohol* et la ronde suivent alors. Le *dohol*
accompagne avec des rythmes, souvent à quatre temps, liés aux pas de la
danse, construits sur une opposition *dum* (grave) et *tak* (aigu).

CARACTÉRISTIQUES DE LA « PAROLE SUR »

Les *kilamê ser* vocaux et instrumentaux ne sont pas composés sur une
mélodie. Sans être mélodisés de manière aléatoire, leur développement
mélodique et rythmique est plus libre que dans les *stran.* Le rythme n'est
pas isochrone et le principe de construction mélodique suit des choix
esthétiques plus qu'une série de règles formelles. Dans la communauté,
la matière sonore des *kilamê ser* ne fait d'ailleurs pas l'objet d'un discours
analytique construit. Les commentaires portent avant tout sur les mots
énoncés, parfois, sur la qualité timbrique de la voix, mais jamais sur la
ligne ou les motifs mélodiques.

L'analyse des caractéristiques sonores des *kilamê ser* fait apparaître
deux invariants : (1) la référence à un bourdon relativement stable tout
au long de la parole mélodisée et (2) la présence de séquences mélodiques
répétées à l'intérieur d'une même parole mélodisée.

Le bourdon peut être matérialisé de manière claire par un *duduk*[1],
ou être suggéré par la construction mélodique des énoncés. Les lignes
mélodiques s'achèvent en effet dans leur grande majorité sur la note la
plus grave de l'ambitus qui est tenue plusieurs secondes et généralement soulignée d'un vibrato et d'un regain d'intensité sonore. Il arrive
également que l'audience fredonne cette note le temps que l'énonciateur
reprenne son souffle et entame une autre phrase.

Chaque ligne mélodique coïncide avec une entité sémantique autonome. Il s'agit le plus souvent d'une phrase, et plus rarement d'une

---

1   Plus récemment, dans les enregistrements commerciaux, un synthétiseur peut aussi
     remplir ce rôle. Il tient alors un accord composé d'au moins deux notes : la fondamentale
     et la quinte.

FIG. 3 – Ligne mélodique du *stran* « zozan » et premières paroles,
doc. 20, transcription faite par l'auteur.

FIG. 4 – Transcription du début de la parole mélodisée de Hasmig,
doc. 30, transcription faite par l'auteur.

proposition principale ou d'une subordonnée. Une ligne mélodique ne peut en aucun cas s'achever au milieu d'un mot ou entre deux mots liés (tel un substantif et son adjectif qualificatif, un sujet et un verbe)[1]. Dans chaque *kilamê ser*, l'auditeur peut trouver des répétitions de motifs mélodiques similaires. S'il est impossible de prédire sur quelle ligne mélodique l'énonciateur va mélodiser sa parole (chaque énonciation étant le fruit d'un agencement complexe entre le moment de la performance, les émotions en présence et le parcours personnel de l'énonciateur), l'audience peut s'attendre à ce qu'une ligne mélodique énoncée pour un premier segment linguistique soit reprise plusieurs fois à l'identique ou dans une forme proche. La transcription des premières lignes mélodiques énoncées par Hasmig (**doc. 30**) fait apparaître clairement les points mentionnés ci-dessus (**Fig. 4**).

Dans l'ensemble, le principe de construction mélodico-rythmique des *kilamê ser* oscille entre une logique de construction de la parole (des lignes mélodiques encadrant les mots) et un usage de motifs mélodiques indépendants de la lexicalité. Dans ces deux pôles, la référence au bourdon est toujours présente. Outre ces deux invariants, on peut lister quelques caractéristiques générales des *kilamê ser* :

- L'ambitus[2] est assez réduit (dans la grande majorité des cas moins d'une octave). Les paroles sont le plus souvent énoncées sur un nombre limité de hauteurs conjointes.
- Les lignes mélodiques se situent dans un registre plus aigu que le bourdon (à l'exception de la fin de la ligne qui rejoint le bourdon).
- Leur mouvement est ainsi généralement descendant.
- La ligne mélodique comprend souvent un « plateau ». Il peut s'agir de l'étirement d'une voyelle sur une hauteur fixe ou plus fréquemment de la répétition de cette même hauteur pour l'énonciation de plusieurs syllabes (créant alors un « plateau récitatif » extensible en fonction du nombre de syllabes).
- Les lignes mélodiques sont généralement déroulées sur un souffle.
- Le bourdon donne une épaisseur au chant, un appui pour le deuxième *duduk* et/ou pour le chanteur. Lorsqu'il est virtuel, les

---

1. Cette caractéristique diffère d'autres traditions de la région (notamment en Grèce) dans lesquelles lignes mélodiques et lexicalité ne coïncident pas (Delaporte 2010).
2. Étendue de la mélodie de sa note la plus grave à sa note la plus élevée.

notes de la ligne mélodique sont consonantes avec le bourdon imaginé (appuyant ainsi l'existence du bourdon).
- La voix et le *duduk* peuvent alterner de diverses manières. Dans les « paroles sur » enregistrées en studio, la voix et le *duduk* alternent en grands blocs, tandis que lors de funérailles, le joueur de *duduk* reprend la ligne mélodique après chaque phrase du chanteur ou après un petit groupe de phrases...

Dans l'ensemble, on peut relever quelques formes récurrentes de lignes mélodiques. Sans prétendre être exhaustive, la liste de points suivants (**Fig. 5**) recense quelques grands types de lignes mélodiques utilisés dans les *kilamê ser.*
- Présence de quelques notes ascendantes pour atteindre le plateau, énoncé de la majeur partie des mots sur le plateau, puis descente jusqu'au le bourdon (**Fig. 5a**).
- Succession de plateaux descendants (**Fig. 5b**).
- Le plateau peut être ornementé de notes auxiliaires (généralement plus aiguës que le plateau (**Fig. 5c**).
- Fin des phrases marquées par un court silence juste avant d'atteindre le bourdon, puis la note du bourdon tenue avec un vibrato. (**Fig. 5d**)
- Parfois également, la fin des phrases rejoint la note du bourdon avant de terminer sur la note supérieure de l'échelle. (**Fig. 5e**)

À l'intérieur d'un même *kilamê ser,* des lignes mélodiques différentes peuvent apparaître successivement. Leur succession n'est pas prévisible, mais leur distribution n'est pas non plus soumise au seul hasard dans un *kilamê ser.* On peut en effet déceler une logique de la narration qui passe par des phases différentes. Les divers types de lignes mélodiques ne sont pas liés de manière prévisible au texte et à la narration, mais ils colorent ce qui est dit d'une manière différente selon que la ligne mélodique est plutôt étirée, heurtée... Ainsi le contenu sémantique des paroles mélodisées n'est pas le seul moyen d'évoquer (et provoquer) les larmes et les sanglots. La mélodisation des mots souligne ces derniers de manière stylistique par l'usage d' « icônes des pleurs » (*icons of crying,* Urban 1988 : 386). Les plateaux récitatifs heurtés évoquent des sanglots, les *glissando* rappellent des gémissements ou encore les vibratos

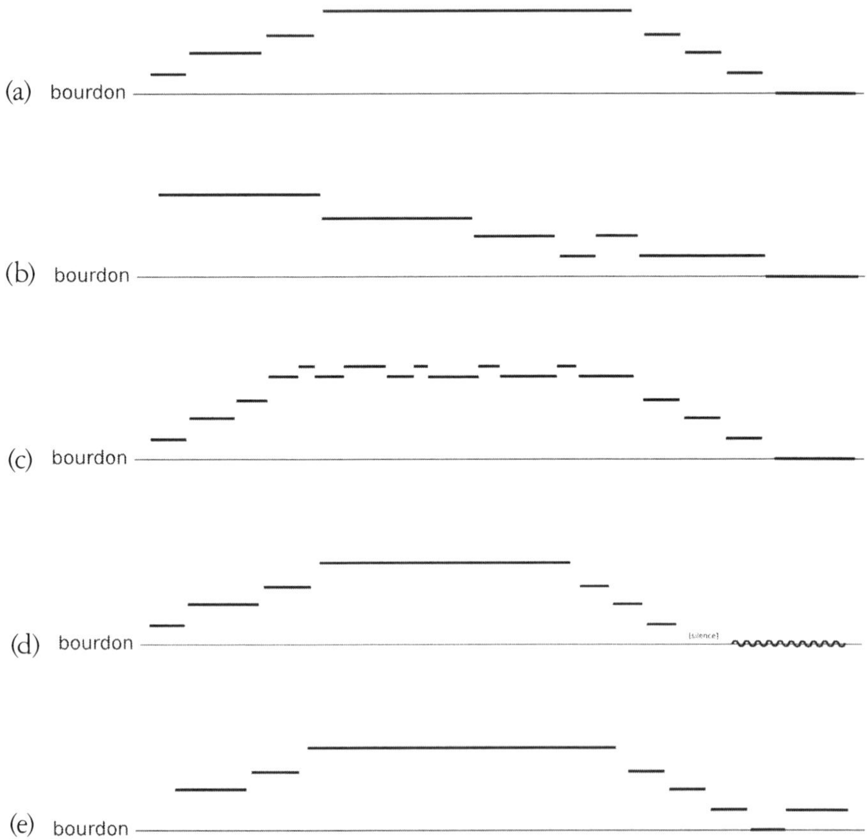

FIG. 5 – Types de lignes mélodiques pour la parole mélodisée
(a) plateau récitatif, (b) plateaux descendants, (c) plateau ornementé,
(d) fin de la séquence avec une pause puis un vibrato sur la note
du bourdon, (e) fin sur le bourdon avec une remontée
sur la note supérieure de l'échelle.

matérialisent un tremblement de la voix. Et lorsque les énonciateurs (ou plus souvent les énonciatrices) reprennent leur souffle de manière bruyante et saccadée, ils rappellent à s'y méprendre des sanglots réels. Ainsi, dans son énonciation au chevet de Rexbet (**doc. 31**), Hbo se situe en tension entre voix pleurée et voix chantée. Si les endeuillés occasionnels basculent bien souvent dans le pleur (et arrêtent alors de mélodiser leur parole), les énonciateurs avertis maintiennent leur parole à la frontière du pleur sans pour autant y basculer (sous peine de casser la parole mélodisée en empêchant la mélodisation de la voix).

Le jeu du *duduk* et les « paroles sur... » vocales (énoncés épiques, funèbres et lamentations du quotidien) sont comparables. Les attitudes corporelles des auditeurs sont identiques : ils se balancent lentement d'avant en arrière ou de gauche à droite. Parfois aussi, ils restent immobiles, opinent de la tête ou soupirent à l'écoute de certains passages. Lorsque des paroles épiques ou des paroles sur l'exil sont entonnées, l'auditoire prend un air grave, des soupirs se font entendre, tous sont presque immobiles. Et ce, même si l'instant auparavant, un toast avait été porté dans la joie et les rires, si une histoire drôle vient d'être racontée, ou encore si les assiettes sont pleines et fumantes... La comparaison ne s'arrête pas aux attitudes d'écoute. Des traits similaires peuvent également être relevés dans la matière sonore. On peut remarquer dans le **doc. 10** la proximité du jeu du *duduk* avec la voix. Leurs premières phrases sont presque entièrement identiques. Seule la longueur du plateau varie.

D'après les commentaires des auditeurs, le timbre de la voix semble être l'élément le plus important. La complexité des ornementations est par exemple moins discutée que la qualité timbrique d'une voix. Une belle voix (*dengê xweş*) est celle qui, comme le *duduk,* remplit l'espace. Elle doit être profonde (глубокий – *kûr*). Les voix des « paroles sur » sont ainsi puissantes, souvent assez graves. Les tenues de notes en fin de phrase mélodique sont généralement couplées avec un vibrato qui met plus encore en valeur les harmoniques, « épaississant » la voix.

S'il est difficile de déterminer si le *duduk* imite la voix ou le contraire, il est par contre clair que les *kilamê ser* (vocaux ou instrumentaux) ne sont pas énoncés sur des mélodies. Les caractéristiques musicales des *kilamê ser* suivent plutôt un principe de composition mélodique qui relie les plateaux entre eux (et au bourdon lorsqu'il y en a un). En ce sens, ils se différencient clairement des *stran* qui sont construits à l'intérieur d'une mélodie.

SIMPLE QUESTION DE VOCABULAIRE ?

La définition de la musique est une vaste question. D'une culture à l'autre, il se produit un déplacement de l'extension sémantique du concept de musique (Nattiez, 1987 : 82-89). L'acceptation des catégories propres aux différentes cultures musicales permet d'affirmer que la musique d'une société donnée est, en règle générale, l'ensemble des formes et des comportements que cette société juge, sur la base de ses critères, appropriés à la production du son organisé. Mais cette approche laisse à découvert des espaces de comportement musical qu'une culture déterminée peut ne pas considérer comme tels, alors qu'ils relèvent, par leurs caractéristiques, du champ d'intérêt musicologique.

Les *kilamê ser* relèvent de ce dernier cas : ils font partie du champ d'intérêt de l'ethnomusicologie, sans être considérés comme musique. Sans discuter ici de la définition de la musique, la question se pose de l'extension sémantique du concept de musique dans la communauté yézidie d'Arménie.

Les Yézidis d'Arménie sont tous au moins bilingues : kurde *kurmanji* et arménien ou kurde *kurmanji* et russe. La grande majorité d'entre eux possède ces trois langues. Dans le dialecte kurde des Yézidis d'Arménie, le son organisé est appelé *stran* ou *kilamê ser*[1]. Le mot *muzîk* – musique (emprunté au turc *müzik*, lui-même emprunté au français qui l'a construit sur le grec μουσική – *moûsikê*) est relativement nouveau. Il est utilisé uniquement pour désigner la musique des programmes télévisés, la musique classique, le rock et autres formes de musiques « étrangères » ou qui nécessitent un passage par le conservatoire (*konservatoria – консерватория*). Ces formes musicales peuvent tout aussi bien être appelées *stran*.

Lorsque les Yézidis s'expriment en arménien, la situation est assez proche du kurde, à une différence près : il existe deux mots pour

---

1   La langue kurde compte trois grands dialectes. Le kurde parlé par les Yézidis d'Arménie est le *kurmanji*. Il est aussi parlé en Turquie. On constate cependant des différences importantes de vocabulaire et d'emploi de mots dans les différentes régions. Le sens donné par les kurdophones de Turquie aux mots *stran* et *kilamê ser* est un peu différent.

« musique » (et un dernier terme pour désigner les « paroles sur » vocales). En arménien, musique se dit : *yerajeshtoutioun* (littéralement : l'œuvre du musicien – *yerajesht* veut dire musicien). Depuis la période soviétique, le mot *mouzikan*, repris au russe, est aussi utilisé. Ce mot est associé dans les esprits au système de l'URSS, à l'importance accordée alors à la musique comme « Art des masses ». *Mouzikan* fait ainsi référence à Moscou, c'est une musique gaie et légère, qui « n'a pas l'âme arménienne[1] », m'a-t-on parfois expliqué. *Yerajeshtoutioun*, par opposition à *mouzikan*, est la musique profonde, celle qui « parle à l'âme ». Mais ce mot n'est pas employé pour les lamentations car celles-ci ne sont pas pensées en termes musicaux. Le terme pour désigner les lamentations est *voghpergoutioun* (*voghp* = peine-douleur, *yerg* = chant, *outioun* = suffixe nominal). Même si le mot *voghpergoutioun* contient la racine « chant », pour les Arméniens, comme pour les Yézidis, on ne chante (*yerghel*) pas une lamentation, on la dit (*assel*). Le *duduk* est, pour les Arméniens, l'instrument par excellence qui « parle à l'âme ». Le mot *mouzikan* est évité pour décrire son jeu. Mais qualifier le jeu du *duduk* de *voghpergoutioun* est assez inhabituel, on lui préfère *yerajeshtoutioun*. Dans les conversations en arménien, les Yézidis emploient ainsi *mouzikan* pour les *stran*, en particulier dans le cas de répertoires « modernes » de style *rabiz*, *yerajeshtoutioun* pour les *stran* « traditionnels » ou les *kilamê ser* instrumentaux et *voghpergoutioun* pour les « paroles sur » vocales.

Lorsque les Yézidis s'expriment en russe, le mot *mouzika* (музыка) est employé dans un sens plus large : les *stran* sont appelés *mouzika* (*zurna* et chants), mais parfois même il est dit que le *duduk* fait de la musique. Ezo, commentant le jeu d'un joueur de *duduk* dit par exemple : « Sa musique parle à l'âme, c'est la musique de l'âme[2] », couplant ainsi l'idée de musique à celle de parole. Mais pour désigner les « paroles sur » vocales, c'est le terme *vyplakat'* (выплакать – littéralement « faire sortir le pleur ») que les Yézidis emploient. Et mes questions sur la musicalité (*mouzikalnost'* – музыкальность) des *kilamê ser* ont toujours étonné mes interlocuteurs, quelle que soit la langue employée lors de la conversation.

---

1   « *Без Армянской души* »
2   « *Его музыка душе говорит, это музыка души* »

	énoncé mélodisé non mesuré	*duduk*	*zurna*	chant mesuré	musiques "étrangères"
en kurde	*kilamê ser*		*stran*		*muzîk*
en arménien	*voghpergoutioun*		*yerajeshtoutioun*		*mouzikan*
en russe	*vyplakat'*		*mouzika*		

Il ne s'agit pas là d'un simple problème de propriété lexicale.
L'extension du terme *mouzika* en russe aux *stran* et parfois au *duduk*,
mais non à la voix, est assez révélatrice. Le son du *duduk* peut être pensé
comme de la musique, mais la « parole sur » énoncée vocalement reste
toujours du côté de la parole. Il en va de même en arménien où le mot
mouzikan ne peut désigner les « paroles sur ». Quant au mot de racine
arménienne pour musique (*yerajeshtoutioun*), il vaut pour les *stran* et le
duduk, mais point pour les *kilamê ser* énoncés vocalement. L'opposition
kilamê ser / *stran* reste ainsi présente lors du passage vers l'arménien ou
le russe mais ses frontières se déplacent.

UNE DICHOTOMIE SONORE ET ÉMOTIONNELLE

La distinction entre *stran* et *kilamê ser* affecte l'expression des émotions
mais s'étend au delà. Elle est liée au cycle calendaire : les *stran* sont liés
aux fêtes calendaires hivernales et les *kilamê ser* aux fêtes estivales – Amy
de la Bretèque 2010 et 2010b ; elle est aussi inscrite dans les corps. Les
Yézidis expliquaient parfois la différence entre *stran* et *kilamê ser* en
disant : « Les *stran* sont comme ça (sautillement rapide et vertical des
épaules) » et « les *kilamê ser* sont comme ça (lent balancement horizontal
du haut du corps) ». Ils faisaient ici plus référence à des postures corporelles qu'à une conceptualisation ou une verbalisation. Dans l'ensemble,
l'opposition entre *stran* et *kilamê ser* structure en profondeur la culture
yézidie. On peut ainsi établir le tableau suivant :

CHANT (*Stran*)	PAROLE SUR (*Kilamê ser*)
Joie (*şabûn*)	Peine (*xem*), nostalgie (*derd*), exil (*xerîb*)
Voix ou *zurna*	Voix ou *duduk*
Rythme isochrone[1] (*takle*)	Rythme non isochrone (*betakle*)
Danse	Écoute
Paroles qui comptent peu	Primauté des paroles
Le *zurna* chante	Le *duduk* parle
Hiver	Été

Au delà de cette dichotomie tranchée, dans chacun des pôles, et en particulier dans celui de la peine (*xem*), les émotions se déclinent en sentiments plus ou moins tragiques et dramatiques. À l'intérieur de ce pôle, différents types de *kilamê ser* cohabitent. Classés par les folkloristes soviétiques en genres littéraires (Jelîl 1978 ; Cewarî 1983 ; Djindi 1957 ; Rudenko 1982), les frontières entre les types de *kilamê ser* sont en fait plus poreuses. S'il est parfois possible de parler d'un genre « lamentation », « chant d'exil », ou « chant épique », une lamentation pour un jeune homme peut aussi, nous l'avons vu, revêtir une allure épique, tout comme un énoncé funèbre peut rappeler l'exil. Tous les *kilamê ser* peuvent avoir les mêmes caractéristiques musicales : il n'y a pas de mélodies d'exil ou de mélodies pour le mort. Aussi l'exil ou l'épique apparaissent-ils avant tout dans les choix sémantiques. Mais c'est aussi dans l'interprétation que des différences peuvent être senties : les énonciateurs peuvent « lamenter » des paroles épiques, rendre héroïques des paroles funèbres, etc. Quant au *duduk*, on dit qu'il a en lui l'ensemble des *kilamê ser* (*Li dudukê hemû kilamen ser hene*).

Même si les « sentiments doux-amers » (Demeuldre 2004) ou la « délectation morose » (Jankelevitch 1974 :297) ne leur sont certainement pas étrangers, le discours que les Yézidis tiennent sur les émotions accepte peu d'intermédiaires. Dans de nombreuses traditions musicales,

---

1 Qui se produit à intervalles de temps égaux.

la musique peut évoquer la joie comme la peine, mais dans le cas des Yézidis, la combinaison entre les émotions et la typologie du sonore est assez étonnante : la musique ne peut susciter que la joie. C'est la parole qui « dit » la peine, et même si cette « parole sur » est plus qu'une simple parole, elle n'est pas pensée comme de la musique. Les émotions opposées que sont la joie et la peine ne sont donc pas exprimables dans le même registre. Elles appartiennent à des réalités différentes, et s'opposent non seulement dans le champ des émotions, mais aussi à travers deux modes bien distincts d'utilisation du sonore.

MÉLODISER LA PEINE
DANS LES FUNÉRAILLES

Un voyageur de passage dans un village yézidi a plus de chance d'assister à des enterrements qu'à des mariages. Les premiers sont bien sûr au moins deux fois plus nombreux. De plus, parmi les rituels qui ponctuent la vie d'un individu, l'enterrement est celui que les Yézidis relient le plus au village. Il est essentiel d'être enterré dans son village d'origine, tandis que les mariages peuvent se dérouler dans les « lieux d'exil ». Quant aux naissances, elles sont peu marquées rituellement (la circoncision n'est en général plus pratiquée et le rituel de la première coupe de cheveux, limité à la famille proche, est lui aussi en train de disparaître). Dans nombre d'enterrements auxquels j'ai assisté, le corps du défunt avait été rapatrié de Sibérie, de Moscou, ou de Francfort. Lieu d'origine et de mémoire, la vie du village est ainsi avant tout rythmée par les enterrements.

Ce chapitre analysera les paradigmes de diffusion des émotions et les modes de création d'un espace musical de la peine en prenant l'exemple des funérailles. Je laisserai de côté la description du rituel proprement dit (le lecteur intéressé en trouvera une analyse plus détaillée dans Amy de la Bretèque 2010). Nous suivrons plus particulièrement les paroles mélodisées qui sont pour les Yézidis un élément essentiel de ces rituels. Les anthropologues ont décrit de longue date les rituels de deuil[1]. Il est plus rare qu'ils prennent en compte les formes sonores qui les accompagnent. Des travaux particulièrement intéressants à cet égard

---

1 Voir notamment Abu-Lughod (1993), Alexiou (1974), Andreesco et Bacou (1986, 1990), Auerbach (1987), Bloch (1993), Calame-Griaule (1990), Caravelli-Chaves (1980 et 1986), Courthiade (1996), Daniel (1996), Danforth (1982), De Sike et Hutter (1979), Dimitrijević-Rufu (1996), Doubleday (1988), Efendieva (2001), Faeta (1993), Farkhadova (1991), Guiart (1979), Herndon et Ziegler (1990), Holst-Warhaft (2005), Khouri (1993), Losonczy (1990), Mesnil (1990), Perrin (1996), Rivoal (2000), Rudenko (1982), Savvidou (1996), Seremetakis (1991), Stewart (1993), Thomas (1990), Vaulay (2008), Vrinat (1996), Xanthakou (1990), Yalçin-Heckmann (2005).

sont ceux classiques de Brailoiu (1937, 1979), Briggs (1992, 1993), Feld (1982, 1990), Kaeppler (1993), Mazo (1994), Tolbert (1990) et Urban (1988), ainsi que ceux, plus récents, de Bonini-Baraldi (2009, 2010, 2010a), Delaporte (2010) et Rappoport (2011).

Particulièrement importantes dans la vie des villages, les funérailles aident non seulement le passage de l'ici à l'ailleurs, mais permettent également de réaffirmer l'unité et la continuité du foyer (*mal/ocax*) et de la communauté (*ezdixane*). C'est un moment où chacun existe à travers sa souffrance personnelle, mais où tous se réunissent autour d'un sentiment partagé de douleur, que ce soit pour pleurer le défunt qui part en exil, les exilés absents du village, ou un deuil passé.

UN CADAVRE TOUT OUÏE

L'enterrement a lieu habituellement trois jours après le décès. Durant ce temps, les parents et villageois veillent le corps. Au chevet du défunt, les prières (*qewl* et *beyt*) des *şêx* et des *pîr*, les *kilamê ser* des parentes (et parfois des parents), et du trio professionnel (deux joueurs de *duduk* et un chanteur) se succèdent. Entouré de sons (pleurs, cris, *kilamê ser*), le corps inerte n'a, d'après mes interlocuteurs, pas perdu l'ouïe. L'âme du défunt ne quitte le corps que trois jours après la mort, soit, à peu près au moment où il est enterré. Durant tout le cérémoniel funèbre, le défunt (ou son âme) entend les *kilamê ser*.

Assises en arcs de cercles concentriques autour du cercueil ouvert (laissant un espace vide au niveau des pieds du défunt), les femmes du village veillent le corps. Celles qui guideront de leurs « paroles sur » la veillée du corps s'assoient au plus près du cercueil. Ce sont les plus proches parentes du défunt et éventuellement quelques parentes plus éloignées qui ont la réputation de savoir se lamenter[1]. C'est ainsi l'étroitesse du lien de parenté et la capacité à bien chanter qui déterminent la place des participantes ainsi que l'ordre dans lequel chacune va chanter. Les participantes assises derrière elles ne chantent pas, ou rarement, mais

---

1 Les parentes et parents sont appelés « de notre foyer » (*ji mala me ne*) ou « de nous » (*ji me ne*).

elles participent à l'univers sonore par leurs pleurs, gémissements, cris et sanglots[1]. Au pied du cercueil, l'espace libre accueille, par intermittence, les hommes qui viennent saluer le défunt, silencieusement, en s'exclamant « *Birao! Birao!* » (Frère! Frère!)[2], et parfois en chantant. C'est dans cet espace aussi que les hommes religieux de la communauté (*şêx* et *pîr*) récitent les *qewl* et *beyt* indispensables à ces cérémonies funèbres[3]. Les hommes ne restent dans la pièce que le temps de leur énonciation.

L'univers sonore est concentré autour du cercueil, de même que le centre de la parentèle féminine (d'abord les consanguins, puis les collatéraux). La gestion de l'espace entourant le défunt nous donne une première image sonore, mais aussi visuelle du foyer (*mal/ocax*[4]). Les regards des participantes sont dirigés vers la mère, les sœurs, les filles, les belles-filles, désignées collectivement par le terme *dilşewat* « au cœur brûlant ». Cet épicentre émotionnel et sonore des « proches » et une périphérie d'« étrangers » définit un premier niveau d'appartenance au foyer.

Au troisième jour de veille, vers 13h, le cercueil est sorti de la maison et installé dans la cour sur une table. Tout le monde est présent : hommes et femmes se lamentent ensemble. Les parents les plus proches du défunt s'accrochent aux bords du cercueil et énoncent chacun leur *kilamê ser*, mais simultanément. Les énonciations vocales peuvent être chantées, criées, parlées. Elles sont le plus souvent criées, bien davantage que ce qu'on a pu entendre durant les trois jours de veille. Les voix sont fatiguées, éraillées. Les corps, eux aussi, portent la fatigue des nuits passées à veiller le défunt, à cuisiner le repas funèbre, la fatigue d'avoir pleuré, d'être resté assis sur un étroit banc en bois de longues heures, souvent dans un froid glacial. Aux cris et lamentations simultanés des hommes et des femmes présents, s'ajoutent les *qewl* et *beyt* des *şêx* et *pîr*, ainsi parfois que les *kilamê ser* du trio de spécialistes convié pour

---

1 Seules les femmes mariées et mères participent à la veille du corps, avec quelques rares exceptions pour les proches parentes du défunt.

2 Si c'est une défunte : *daê daê* (mère) pour les femmes mariées ou *xaê xaê* (sœur) pour les jeunes filles.

3 Les femmes *şêx* et *pîr*, lorsqu'elles sont présentes, sont assises avec les femmes. Lorsque le défunt est de sexe féminin, elles ont pour rôle de laver le corps et préparer le linceul, mais en aucun cas elles ne récitent de *qewl* et *beyt* lors d'une cérémonie funèbre.

4 Le mot *mal* en kurde a une polysémie de sens intéressante : il désigne à la fois le foyer, l'âtre, la maison et la maisonnée, c'est-à-dire les individus habitant, en théorie au moins, sous le même toit. *Ocax* désigne le four creusé dans le sol de la pièce principale. Nous y reviendrons au chapitre VIII.

l'occasion. Autour du corps, l'heure est au désordre : les pleurs se mêlent, le volume sonore augmente, le chaos s'empare des participants au rituel et en particulier des femmes qui s'accrochent au cercueil, refusent de le laisser partir, s'évanouissent (**doc. 32, 33, 34, 35, 36**)… C'est la levée du corps, adieu véritable des femmes de la parentèle à leur parent défunt. Après cette étape, ce sont les hommes qui prennent en charge la dépouille lors de la procession et de l'enterrement. Toujours présentes, les femmes ne sont plus centrales.

Commence alors la procession vers le cimetière. À l'avant, les couronnes de fleurs et le portrait du défunt sont portés par des parents. Le *şêx* (et parfois le *pîr*) suit en énonçant des prières (*qewl*). Derrière le *şêx*, une femme *şêx* ou *pîr* porte les sept pains rituels (*heftnan*). Ensuite viennent le cercueil et son couvercle, portés par de proches parents masculins, puis les hommes silencieux et marchant de manière ordonnée au milieu desquels se trouvent le chanteur et les joueurs de *duduk*, et enfin, les femmes se lamentant bruyamment, hirsutes et désordonnées. Au cimetière, les lamentations des femmes continuent jusqu'à la fermeture du cercueil. À ce moment, les femmes quittent l'assemblée, s'éparpillent et se dirigent vers leurs tombes familiales, entamant des *kilamê ser* pour leurs proches. Le cimetière tout entier résonne alors de lamentations individuelles mais simultanées, pour les défunts de la communauté. Les hommes, pendant ce temps, referment la tombe et écoutent le *şêx* réciter des prières.

Tout au long du rituel funèbre l'espace sonore et émotionnel est centré autour de la dépouille. La place des vivants auprès du cercueil est définie par le genre (homme, femme), le statut (*şêx*, *pîr* ou *mirîd*) et par le lien de parenté avec le défunt (les parents et les étrangers). Au début du rituel, les femmes sont les plus proches du défunt, puis petit à petit, les hommes prennent le relais. Les femmes se séparent réellement du corps du défunt au moment de la levée du corps, lorsque celui-ci quitte la maison. Durant l'ensemble du rituel, le défunt est entouré et pris en charge par ses proches parents. Nous verrons que les relations de parenté sont une composante essentielle des *kilamê ser* énoncés durant les funérailles.

Les seuls absents des rituels funéraires sont les nouveaux-nés, les enfants et les femmes enceintes. On dit des nouveaux-nés qu'ils sont trop fragiles pour supporter la tension des funérailles et pour résister à l'appel de la mort. Il y aurait un risque que la mort les emporte avec elle. Pour ce qui est des enfants (jusqu'à environ 12 ans), ils ne participent pas aux funérailles, à moins qu'ils ne soient de proches parents du défunt. Lors des funérailles de Yûrîk, ses enfants, âgés d'un an et trois ans, ont participé par intermittence à la dernière matinée de veille. Dans les bras d'un parent, ils venaient à certains moments près du cercueil, poser leur main sur le buste de leur père. Les jeunes filles en âge de se marier ou à peine mariées évitent aussi, autant que possible, de participer aux funérailles, de peur de s'attirer la malchance : il est dit qu'assister à des funérailles empêche la procréation. Ces précautions sont généralisées dans d'autres traditions du Proche et du Moyen-Orient ainsi qu'en Europe[1].

À PLUSIEURS VOIX

Au chevet du défunt, les *kilamê ser* circulent : les participants sont tour à tour énonciateurs et auditeurs. Les paroles mélodisées dans les funérailles sont de longueur très variable et construites le plus souvent sans narrativité : le texte est fragmenté, comme s'il s'agissait d'une série d'images n'ayant pas forcément de rapport les unes avec les autres. Les énonciateurs font fréquemment intervenir divers narrateurs à l'intérieur de leur parole mélodisée et adressent leur parole à des destinataires variés, multipliant ainsi les points de vue. Dans l'exemple suivant, l'énonciateur prend la place du défunt, le fait parler, établit des dialogues entre les vivants et le mort[2]. Enregistré à l'enterrement de Kerem au village de Şamiram en avril 2006 (**doc. 35** à 3'35''), cet extrait fait référence aux tresses que les femmes enterraient avec le corps de leur père, frère ou mari.

1 À ce sujet, voir notamment : Courthiade (1996 :101-111), Efendieva (2001 :42), Guiart (1979 :9), Khouri (1993 :57), Nicolas (1972 :19), Rivoal (2000 : 354), Tolbert (1990 :44-45). Sur les précautions suivies dans d'autres traditions lamentées pour que le mort ne revienne pas, voir Andreesco et Bacou (1986 : 44-47, 1990 : 65-66), Brailoiu (1947 :11), Thomas (1990 :37).
2 Dialoguer avec le défunt est un procédé énonciatif présent dans de nombreuses traditions lamentées (Andreesco et Bacou 1986, Efendieva 2001, Xanthakou 1990).

Celles aux tresses coupées ! Dites en chœur : « Père, père, père, nos yeux sont restés dans son gilet »	*Gulîbirno, mi go hevra bêjin « bavo, bavo, bavo, ç'evê me jî lê têda mao »*
Le chef de famille répond : « Mes enfants mes yeux aussi sont restés dans le gilet ».	*Malxuê digo, « la-lao, ç'evê min jî têda mao ».*

Les énonciateurs s'adressent souvent au défunt, l'accusant de faire souffrir les vivants par sa mort, rappelant les faits marquants de sa vie, racontant sa dernière journée, qualifiant sa mort d'injuste, ou le sommant de se réveiller[1]. Sos Koçaryan, chanteur spécialiste, a enregistré en studio une « parole sur la mort » (pour un homme nommé Hesen) dans laquelle il s'adresse directement au défunt, lui demandant de se lever.

Ah, la blessure du père de Samo[2] est profonde, dangereuse et ne cicatrise pas	*Ax, de birîna kekê Samo k'ûre, pîr xedare, k'ew lê naê*
Ah, quoi que nous fassions, cela ne sert à rien	*Ax, de emê dikin-nakin ç'are nabe*
Ah, lève-toi, lève-toi, frère Hesen, lève-toi	*Ax, de rave, rave, H'esenê bira, de tu rave*
Ah, sans toi, qui va prendre la place de chef de famille, d'une grande famille.	*Ax, de gelo bêy te h'ale malxwêtya mala giran wê çawabe.*

Dans la parole mélodisée, les énonciateurs s'adressent non seulement au défunt et aux parentes « au cœur brûlant », mais aussi aux participants au rituel. Ils évoquent les morts de chacune des femmes de l'assemblée et rappellent à chacune ses malheurs. Dans l'extrait suivant, énoncé lors des funérailles d'Ezo en 2005, l'énonciatrice évoque « Ceux qui ont perdu un frère ». Elle précise ensuite deux noms de participantes : Çinar et Narinê.

Que je sois le sacrifice de vos chagrins	*Ez qurbana xem-xiyalê dilê weme*
Ceux qui, comme moi, ont perdu un frère	*Herç'ê birê wan mînanî birê min mirye*

---

1 Cette thématique est commune à d'autres traditions de chants funéraires. Khouri (1993 :87) remarque des éléments similaires dans les lamentations d'une communauté maronite au Liban : la mort est injuste (on reproche au défunt d'être parti, et à Dieu d'avoir pris le mort avec lui), en même temps qu'est développée une notion de culpabilité des vivants (« Pourquoi, lui, est-il parti et pas moi ? »). Les mêmes motifs sont présents dans les lamentations des femmes mollah de la péninsule d'Apchéron en Azerbaïdjan (Amy de la Bretèque 2002 et 2005), dans celles des femmes kurdes réfugiées dans les grandes villes turques (Amy de la Bretèque 2004), dans des lamentations des Balkans (Courthiade 1996, Savvidou 1996, Vrinat 1996).

2 Samo est le fils du défunt. La relation de parenté est soulignée.

Çinar qui a perdu ses frères	*Çînar, herç'ê birê wan mirine*
Narinê qui a perdu ses frères	*Narînê, navê qîza xwe mira bêje*
Çinê, qui, comme moi, a perdu ses frères	*Çînê, herç'ê birê wan mînanî birê min mirine*
Wax, dans notre cœur...	*Wax, dilê meda...*
J'ai dit : « Mère, le soir est soudain plus obscur	*Go daê, êvare, nişkêva bû tarî*
Un malheur nous est arrivé	*Zulimek ser meda barî*
Cette fois, notre torche s'est éteinte ».	*Gidîno, vê carê ç'ira me temirî.*

Évoquant les défunts des participantes, les énonciatrices vont parfois jusqu'à parler en leur nom. La voix des participantes est alors intégrée à celle de l'énonciatrice. Cette superposition de deux voix (celle de l'énonciatrice et celle d'une ou plusieurs auditrices) participe à ce sentiment de multiplicité des discours. La pleureuse peut ainsi, comme dans l'extrait suivant (enregistré en décembre 2005 à Sipan lors des funérailles d'une femme âgée), rappeler les défunts récents du village dans une même phrase :

Une si belle allure, mes chers et proches, je vous le dis à tous	*Dîdeme xweş dîdeme, gelî omid-êşana, ez we gişkara divêjim*
Je vous le jure, la douleur nous est commune	*Bextê weme, bextê kula dilê we h'emyame*
Certains souffrent d'un cancer, d'autres sont tués par la vodka, d'autres encore par un couteau	*Herç'î nexweşîê kulêne, herç'î qurbanê avêne, herç'î kuştîê k'êrêne*
Leur cœur brûle, les médicaments n'aident pas.	*Dilê wan şewitîye, dû-dermanê dox'tira t'û ç'arê wan nake*

Dans ce jeu d'énonciations multiples, les femmes règlent parfois les comptes, critiquant dans certains cas très ouvertement une personne présente dans l'assemblée. Le cas de Nazê lors des funérailles de sa belle-mère (Rexbet) est assez caractéristique. Eylaz (le mari de Nazê), est décédé un an avant sa mère (Rexbet), à la suite de maux de ventre. La communauté raconte que Nazê n'avait pas pris au sérieux les maux de son mari et aurait tardé à l'emmener à l'hôpital. Opéré d'urgence, il est mort sur la table d'opération. Nazê est donc tenue « responsable » de la mort de son mari, et, par extension, de celle de sa belle-mère, qui, ne supportant pas la mort de son fils, serait morte de chagrin. Les paroles des lamentatrices sont claires, et ont été répétées durant les trois jours de veille. Nazê, présente dans le cercle le plus proche de la parentèle, au plus près du corps sans vie de sa belle-mère pleurait bruyamment, se frappait violemment les jambes, tentait de s'arracher les cheveux et la peau du visage à chacune de ces énonciations (comme dans le **doc. 31**).

Ma chère sœur Rexbet	*Delala dilê minê, Rexbet xaê*
Le chagrin de la mort d'Eylaz est resté dans ton cœur	*Kula Eylaz dilê teda maye*
Ma chère Nazê, nous dirons :	*Nazê, ç'ara min, emê bêjin*
« Que les mères soient le sacrifice de leurs fils	*Bira dê qurbana kurabe*
Que les sœurs soient le sacrifice de leurs frères »	*De bira xûşk qurbana birabe*
(…)	
Viens t'asseoir près de la femme d'Eylaz	*Ca were kêleka jina Eylaz rune*
Nazê pleure, assieds-toi près de ma petite mère	*Bê Nazê digrî, rûnî kêleka dayka min*
Que dire à Leyla, ma sœur,	*Çi bêjim, Leyla xûşka min*
Nazê, assieds-toi près de moi	*Nazê, rûnê kêleka min*
Ne pense pas à mon frère Eylaz	*Bira qe nekeve bîra te Eylazê birê min*
Ah, comme mon cœur pleure	*Ax, çiqa digrî dilê min*
(…)	
Dans la maison, je me noie profondément	*Ezê malda kûr nalyame*
Dis-nous Nazê, pourquoi Eylaz est-il mort ?	*Hela bêje Nazêda Eylaz çira mirye*[1]

Dans le cadre du rituel funèbre, la multiplicité des narrateurs et destinataires implique les participantes de l'assemblée : leur parole est portée par celle de l'énonciatrice. Chaque énonciation comporte ainsi plusieurs voix : celle de l'énonciatrice, celle du défunt, celles des participantes ou encore celles des absents. Cette multiplicité des voix donne aux *kilamê ser* une dimension de réseau. Les *kilamê ser* peuvent ainsi être pensés à l'image d'une toile d'araignée qui serait tissée par l'énonciatrice. Assise près du défunt, dans la zone « au cœur brûlant », celle-ci tisserait son cocon autour du cercueil avec les parents, puis tendrait ses fils vers les participantes de l'assemblée, vers les hommes dehors, vers les morts et vers les absents. En tissant son « piège » virtuel, l'énonciatrice crée un espace dans lequel les émotions circulent.

---

1 *Kilamê ser* énoncé par Hbo aux funérailles de Rexbet (troisième jour de veille), village d'Alagyaz, février 2007.

TISSER UN RÉSEAU DE RELATIONS AFFECTIVES

La mention d'un réseau de relations est centrale dans les *kilamê ser*. Une place importante est donnée aux personnes absentes (les exilés, les morts) ainsi qu'aux proches parents[1]. Dans le **document 30**, Hasmig, mélodisant l'histoire de sa vie dans sa cuisine, mentionne un grand nombre de personnes. Dans l'ensemble, elle n'utilise pas leur nom pour les évoquer, mais la relation de parenté qui les lie à elle-même ou à d'autres. Par l'usage de formules telles « Le petit-fils d'Usiv », « La mère de Valerik » ou « La sœur de Cemile », elle implique deux fois plus de monde dans son énoncé que si elle avait prononcé directement les noms de ces personnes. Elle aurait pu dire « Frida » pour « La sœur de Cemile », mais de cette manière, Cemile fait également partie de la narration, aux côtés de Frida. Leur rapport de parenté est réaffirmé.

En contexte funèbre, devant un auditoire de plusieurs dizaines de femmes, les énonciatrices mentionnent en parole mélodisée la plupart des membres de la famille du défunt, ainsi que les défunts et exilés du village. La mention ou non-mention d'une personne fait en général sens à la fois dans l'histoire familiale, et dans ce qui est attendu des relations entre les personnes à l'intérieur du foyer. Les participants impliqués par l'énoncé mélodisé manifestent souvent leur approbation par un cri, des larmes ou un hochement de tête. Lors des funérailles de Yûrîk (**doc. 34**, 37 à 48), lorsque le chanteur professionnel a énoncé : « Surik dit : "Je ne peux vivre sans mon frère" », il impliquait la sœur du défunt (Surik), mais également les sœurs de Surik et toutes les sœurs qui ont perdu un frère. À l'écoute de ces paroles, Surik et ses sœurs ont gémi et deux d'entre elles se sont frappé la poitrine. Dans l'auditoire des larmes ont coulé. L'image évoquée précédemment des *kilamê ser* comme toile d'araignée s'illustre alors : les énonciatrices, par leurs voix multiples, tissent un réseau de relation entre la famille et l'auditoire, entre ceux qui ont émigré vers les grandes villes russes et ceux qui sont restés au village, et entre

---

1 Ceci a été relevé dans de nombreuses traditions lamentées. Voir par exemple Berthomé et Houseman (2010), Bonini-Baraldi (2010), Briggs (1992, 1993), Daniel (1996), Efendieva (2001), Feld (1982, 1990), Feld and Fox (1994), Savvidou (1996), Seremetakis (1991), Xanthakou (1990).

les vivants et les morts. Ce réseau crée un espace commun, hors de la réalité tangible. C'est dans cet espace de peine que se crée l'empathie des émotions entre les membres du réseau tissé par la « parole sur ». Dans son analyse détaillée de l'empathie émotionnelle chez les Tsiganes de Transylvanie, Bonini-Baraldi (2010) a relevé que la mention de la parenté dans les lamentations n'est pas un simple catalogue de noms, mais la construction complexe de liens relationnels. Le même phénomène peut être observé chez les Yézidis d'Arménie. La parole mélodisée implique les membres de la famille, ainsi que l'auditoire. L'énonciateur peut adresser une phrase à une personne précise de l'auditoire (par exemple : « Asmar, ton frère est mort et ton neveu s'est pendu »), ou à plusieurs personnes de manière indéfinie (« Ceux qui ont perdu un fils »). Il peut également mêler ces deux procédés (« Ceux qui, comme Aslik, ont perdu un fils et une fille »). Le récit de vie et les mémoires de chacun sont potentiellement liés aux événements du jour.

 L'évocation de la parenté et les allusions aux défunts du village permettent l'empathie par un sentiment de souffrance dans un réseau de relations. Les mots de Hasmîk lors des funérailles de Rexbet (doc. 49 et 50) en témoignent : « Aujourd'hui, tante Rexbet a réveillé notre peine à tous » (*Îro meta Rexbet kula temama teze kirye*). Ce réseau, matérialisé par des conversations en partie imaginaires, lie les participants en créant un espace de peine partagé.

UNE TOPOGRAPHIE ÉMOTIONNELLE

De nombreux lieux sont mentionnés dans les *kilamê ser*. Ceux-ci sont tantôt vastes (« La maudite Russie », « Le *zozan* »), tantôt plus petits (« Le bus »), voire même étroits (« La poche du gilet »). Les frontières de ces espaces sont plus ou moins bien définies (« L'exil », « La maison de mon père »). Ils peuvent aussi être des lieux plus proches d'une image que d'un point sur une carte (« Les fleurs sur les cimes », « L'endroit où la neige fond », « Les montagnes où les aigles trempent leurs ailes dans le sang », « La porte de la maison de ton frère où un corbeau croasse »). Le plus souvent, les lieux évoqués sont qualifiés de manière affective. Pour

la capitale russe, il est par exemple beaucoup plus commun d'entendre
« Moscou la maudite », que le simple mot « Moscou ».

Feld (1982) a montré que la topographie joue un rôle majeur dans la
diffusion des émotions chez les Kaluli de Papouasie Nouvelle Guinée. Lors
de funérailles se déroulant chez des étrangers, les invités se renseignent
à l'avance sur les lieux importants pour leurs hôtes afin de pouvoir
chanter une « carte » (*tok*) qui fasse effet (Feld 1982 :151). Les *kilamê ser*
font également apparaître des lieux émotionnellement importants tels le
village, la maison du défunt ou l'exil. La topographie relève alors d'un
espace moins géographique qu'affectif. Ce dernier sépare clairement
le monde entre deux types de lieux : l'exil *vs* le foyer (ou le village).
Dans son *kilamê ser* (doc. 51), Altûn mentionne deux lieux maudits,
l'Allemagne et la Russie, principales destinations d'émigration. Puis,
vers la fin de sa parole mélodisée, elle rappelle à l'auditoire que la vie
est un exil par lequel nous devons tous passer.

Sans tracer des « chemins » à la manière des Kaluli, les *kilamê ser* des
Yézidis évoquent une topographie affective qui entre en résonance avec
l'évocation de la parenté décrite précédemment. Les *kilamê ser* entraînent
un déplacement de l'énonciation, tantôt en une personne différente de
l'énonciateur, tantôt en un lieu autre que celui de l'énonciation. Ces
lieux et ces personnes d'emprunt ne sont pas forcément définis. Ce jeu
de projections dans des points de vue différents, fréquent dans les *kilamê
ser*, tend à créer un espace suspendu. C'est ce que les pages suivantes
tenteront de montrer.

PROCÉDÉS ÉNONCIATIFS
POUR UN UNIVERS SUSPENDU

En contexte rituel, ou insérée dans la conversation quotidienne, la parole mélodisée se distingue de la parole ordinaire par des procédés énonciatifs spécifiques : une temporalité propre, un usage récurrent du discours rapporté, la neutralisation de l'intonation par la mélodisation. Les pages suivantes analysent ces procédés qui tendent à autonomiser certains paramètres du langage.

Au fil d'une conversation, il n'est pas rare que l'interlocuteur, ou plus fréquemment l'interlocutrice, entame un *kilamê ser*. Cet énoncé mélodisé peut être un éclairage ou une précision concernant le sujet abordé au préalable dans la conversation. Il est alors un développement mélodisé d'une pensée exprimée d'abord par la parole. Le passage à la partie mélodisée est souvent progressif. Certaines phrases sont entre le parlé et le chanté, on glisse d'un type d'énonciation vers un autre. Parfois aussi, cette « parole sur » vient s'insérer dans la conversation comme une parenthèse. N'ayant rien à voir avec ce qui a été dit auparavant, ni avec ce qui va être dit par la suite, l'énoncé est alors un moment d'épanchement d'une douleur personnelle. Cette pratique de mélodisation de la parole de peine dans la conversation n'est pas spécifique aux Yézidis de Transcaucasie. Des traditions similaires ont été relevées chez les Kurdes d'Irak et de Turquie[1].

En prenant pour exemple deux « paroles sur » (celle d'Altûn et celle de Hbo), la question est ici d'essayer de comprendre le statut de ces

---

1   Allison (1996 : 43) rapporte le cas de femmes kurdes d'Irak, qui, après la destruction de leur village d'origine, leur déplacement forcé à Qoş Tepe et l'enlèvement en 1983 par l'armée irakienne de tous les hommes de la communauté, répondaient aux questions des journalistes étrangers sur ce qui s'était passé par des lamentations mélodisées. Pour une étude sur les lamentations des femmes kurdes réfugiées dans les bidonvilles de l'ouest de la Turquie voir Amy de la Bretèque (2004, 2013). Ces lamentations étaient souvent énoncées au cours de récits personnels sur la guerre, l'exil vers les grandes villes ou d'autres événements dramatiques.

énoncés mélodisés insérés dans la conversation quotidienne. Le choix de dire des paroles tristes en les mélodisant est intéressant à plusieurs égards. Pourquoi en effet donner un statut particulier à ces énoncés de peine ? Qu'est-ce que la mélodisation ajoute à ces mots ? L'analyse du rapport entre simples paroles et « parole sur » permettra de donner quelques pistes de réponses jetant une lumière nouvelle sur les rapports entre langage et musique dans l'expression des affects.

DES AFFECTS ENTRE GUILLEMETS

ALTÛN ET LES ROSSIGNOLS DE BAGDAD

Village d'Alagyaz, avril 2007. Assise à la table de la cuisine de la maison de son père, les coudes posés sur la nappe en toile cirée jaunie, Altûn Mîrzoevna discute de tout et de rien avec Cemile, l'infirmière du village venue lui prendre la tension et lui expliquer le fonctionnement du glucomètre. Coût de la vie, astuces pour maigrir, charme de Poutine, interdits alimentaires, Altûn commente avec entrain et humour. La conversation suit son cours. Parlant de ses problèmes de santé, des démarches qu'elle devait accomplir pour pouvoir se rendre à l'hôpital sans payer, Altûn en vient à parler de son fils décédé **(doc. 52)**.

> Altûn : Il faudra que je te montre mon passeport et mon ordonnance.
> Cemile : Je regarderai ça et je t'expliquerai. Il est important que tu saches te servir de ce truc (glucomètre).
> Altûn : Ah… depuis que mon fils a été tué, je ne dis que des paroles sur mon fils.

À ce moment-là, l'énoncé devient mélodisé :

1	Ah, j'ai dit : « Si mon fils n'avait pas été tué dans la maudite Ukraine	*Ax, mi go bira wêrana Ûkraînê nekuştana lawê min*
2	Si la fille de mon frère n'était pas morte brûlée	*Bira neşewitya qîza birê min*
3	Si mon frère n'était pas mort d'un infarctus	*Bira înfartê lênexista birê min*

4	Si le père de mon Romîk n'avait pas été fusillé »	*Bira xwe gullenekira Romîkê bavê min*
5	*Eman, eman*	*Eman, eman*
6	J'ai dit : « Le destin est traître	*Mi go felekê xayînê*
7	Il embrasse la mère de jeunes enfants	*Daykê xorta dixapînê*
8	Il se fait l'ennemi des mères »	*Daykara naê yole kane*
9	J'appelle à l'aide, mais il n'y a pas d'aide	*Hewar dikim, hewar naê*
10	Ma voix n'atteindra pas les rossignols de Bagdad	*Dengê min naçe şarûr bilbilê vê Bex'daê*
11	J'ai dit : « Şalîko, fils, ne sois pas ainsi avec moi	*Mi go : Şalîko lao, were vê yekê minra neke*
12	Laisse l'Ukraine maudite	*Terka wêrana Ûkraînê bike*
13	Quel dommage pour ta mère	*Dayka te guneye*
14	Ne deviens pas vagabond	*Neke p'izka serê rya*
15	Ne deviens pas orphelin ».	*Neke hêsîra ber derya*
16	*Ay*, j'ai dit : « Sêroj, mon frère	*Ay, mi go : Sêroj, birê mino*
17	Ne pense pas à la mort maudite »	*Wêrana mirinê neke dilê xwe*
18	Romîk, fils, j'ai dit : « Ne fais pas de ton sort une balle (de fusil) »	*Romîk lao, mi go gullê neke p'ara xwe*
19	*Ay*, j'ai dit : « Je n'ai pas de fils	*Ay, mi go tune kurê min*
20	Mon espoir était en mes frères	*Guman hebû birê min*
21	Pour qu'ils portent mon cercueil à ma mort	*Çaxê bimrama, wê biketana bin çardara min*
22	Père, Romîk aurait posé sa main sur mes yeux	*Romîkê bavê min wê destê xwe bida ser ç'evê min*
23	Il aurait chassé tous les chagrins et malheurs de mon cœur ».	*Ew hemû kulê dinê derxista ji dilê min*
24	*Ay li minê, ay li minê, ay li minê*	*Ay li minê, ay li minê, ay li minê*
25	Que faire de cette mort ?	*Ezê çawa bikim xwe vê mirinê*
26	Comment ces yeux noirs, cette haute taille et cette belle allure sont-ils tombés sous terre ?	*Ç'ev-birîê belek, bejna bilind, bejna reqasçya, Xwedêva eyane, çawa ax ketinê*
27	*Ay*, j'ai dit : « Je n'ai ni père, ni mère »	*Ay mi go tunene dê û bavê min*
28	J'ai peur, si je m'approchais du portail de la maison de mon père,	*Ditirsim çaxê bême ber derê mala bavê xwe*
29	Ma peur tremble devant elles : les femmes de mes frères sont les filles d'étrangers.	*Tirsa min wê tirsêye – jinê birê min qîzê xelqêne*
30	Elles diront : « Qui est-elle ? »	*Wê bêjin kêye, kê nîne*

31	Elles diront : « C'est une vagabonde, elle est venue, elle va partir »	*Wê bêjin rêwî bû, xwera hat, dagerya*
32	Je dirai alors : « La maison des voisins est meilleure que celle de mon père »	*Ezê paşê bêjim : mala cînara mala bavê min çêtire*
33	Je dirai : « Romîk, fils, Şalîko, fils, frère Seroj	*Ezê bêjim : Romîk lao, Şalîko lao, Seroj bira*
34	Vous et moi sommes en exil	*Xerîb ez û hûnin*
35	Nous nous assiérons sur les rives d'une rivière aux eaux troubles ».	*Emê rûniştine ber ç'emekî şêlûne*
36	Dieu, comme les frères et sœurs manquent l'un à l'autre	*Hewara Xwedê, xûşk û bira çiqas hezretê hevdune*
37	*Ax li minê, wey li minê*, le destin est traître	*Ax li minê, wey li minê, felekê xayînê*
38	Il trompe les mères de jeunes gens	*Dayka xorta çawa dixapînê*
39	Je viendrai mélanger la neige à la pluie	*Ezê bêm berf û baran tevîhevkim*
40	Je prendrai une cruche au cou fin	*Misînekî halê dilê xwera devziravkim*
41	Tant que je suis vivante, mon chagrin pour Romîk, mon fils, pour mon père, pour mon frère Seroj, ne seront pas échangés pour une autre peine	*Hetanî xweşbim, te'lya lawê xwe Romîkê, bavê xwe, Serojê birê xwe tevî t'u te'lya nakim*
42	Si moi, malheureuse, je m'incline devant quelque chose	*Gava sondeke min, porkurê, hebe*
43	Je dirai : « Je baisserai la tête devant mon frère resplendissant »	*Ezê bêjim serê birê xweyî kawî-kubarkim*
44	Que le destin de mon frère et du fils de mon frère soit maudit	*Mirazê birê xwe, kurê birê xwe, birê xweyî reşkim*
45	À l'aide, à l'aide, à l'aide par Dieu.	*Hewar, hewar, hewara bi Xwedêye.*

La suite de la conversation se déroule sans mélodisation.

> Altûn : Je dis mon chagrin, ce qui vient de moi
> Estelle : Qu'est-ce que tu viens de dire ?
> Altûn : Une parole sur le mort
> Estelle : Pas sur l'exil ?
> Altûn : Non, pas sur l'exil

Altûn jette un coup d'œil par la fenêtre, puis raconte : « Si j'avais su que j'allais perdre mon unique fils, je me serais remariée ! J'avais encore l'âge d'avoir des enfants. Ah, je suis exilée ». Altûn a 51 ans. Mariée à 13 ans, elle en avait 26 lorsqu'elle devint veuve. Cemile, un sourire dans le regard, lui répond qu'il n'est jamais trop tard pour se remarier. Le rire d'Altûn résonne dans la pièce. La conversation changera ensuite de sujet. Altûn et Cemile raconteront le divorce d'Îta, une jeune fille du village qui s'était mariée à un Yézidi de la région de Krasnodar (Russie)...

Cet exemple est assez typique de la façon dont les « paroles sur » peuvent être glissées dans les conversations quotidiennes. Au détour d'une conversation, quand le sujet est douloureux, l'énoncé peut se mélodiser. Le niveau sémantique et symbolique des « paroles sur » révèle de nombreuses accroches émotionnelles. Nous avons déjà relevé l'usage particulier de la parenté et de la topographie dans les *kilamê ser*. À cela s'ajoutent des motifs poétiques : des formules de peine telles *wey le mîne* et des métaphores plus ou moins usuelles dans ce genre d'énoncés.

AUX LIMITES DE L'INTELLIGIBLE

Des formules au sémantisme limité ou inexistant, mais évoquant pour tous la douleur et la peine, sont utilisées dans les « paroles sur ». Altûn en emploie aux lignes 24 et 37. L'expression *Ax li mine* (37) signifie littéralement « *ax* en moi ». « Ax » (prononcer « ah ») étant une onomatopée qui, un peu comme son équivalent français, est associée à l'idée d'un soupir profond. *Ay li mine* (24) est une expression synonyme. *Wey lê minê* (37) signifie « *wey* sur moi », *wey* étant une autre interjection employée à l'annonce d'une mauvaise nouvelle, ou face à un étonnement profond. D'autres formules sont plus difficilement traduisibles, telles *loylo, loylo,* ou *de lê waê, wî de yoyo* ou encore *ax lê waê*.

Associées à la peine, ces formules évoquent un champ de souvenirs et d'images[1]. Répondant à ma question sur le sens de ces expressions, Altûn dit : « Tu dis *wey lê minê* en pensant à ton malheur. Moi j'en ai beaucoup [de malheurs], et ils sont tous dans *wey lê minê*. Mon fils en premier bien sûr, c'est à lui que je pense le plus. Mais les malheurs des autres sont différents des miens, alors chacun pense à sa souffrance, chacun pense à sa vie ». Cemile, qui assistait à la discussion, précise qu'en entendant cette même formule, elle pense d'abord à une photo

---

1   On retrouve des interjections de ce type (évoquant tout un champ d'émotions, de ressentis, et d'images) dans nombre de traditions de lamentations. Des *eleleu, aiai* et *ototoi* de la Grèce antique (Loraux 1999, Svenbro 2004) aux *terirem* de la musique byzantine (Jefferey 1992 :109, Conomos 1974 : 261-86) en passant par les *laïlaïlar* des Azéris (Amy de la Bretèque, 2005) et les *amanedhes* (sing. *amanes*) du Rebetiko (Holst-Warhaft 2003 :172-174), les interjections sont largement utilisées dans les énoncés tristes.

de sa mère défunte en habits de fête et ensuite aux pâturages estivaux (*zozan*) (**Fig.** 6).

Sans sémantisme clair, la parole du *duduk* peut, nous l'avons vu, être rapprochée des interjections. Cette comparaison, couramment exprimée par la phrase « Le *duduk* dit *wey le mine* », présente le *duduk* comme une abstraction du vocal... À moins de percevoir, à l'inverse, les formules comme *wey le mine*, comme des substituts vocaux du jeu instrumental. Les commentaires des Yézidis sur le jeu du *duduk* montrent en tout cas que, pour dire des « paroles sur », il n'est pas nécessaire de les énoncer verbalement.

Les métaphores ou les expressions imagées au sémantisme non moins vague sont également courantes. Altûn en utilise plusieurs. Elle évoque « les rossignols de Bagdad » (10), qui, dans l'imaginaire des Yézidis, renvoient à un ailleurs merveilleux (que personne n'a jamais vu). Par l'expression « Je mélangerai la neige à la pluie » (39), Altûn évoque les réalités diverses qui doivent cohabiter, soulignant ainsi les obstacles qu'elle doit surmonter dans son malheur. Quant à l'expression « Je prendrai une cruche au cou fin » (40), elle rappelle à tous la coutume de l'eau versée sur le sol au moment du départ d'un proche, en signe de protection.

Aux limites de l'intelligible, ces formules de peine et expressions imagées ne sont pas explicitées ou commentées par l'énonciateur. Elles font partie des références partagées par tous et interprétées par chacun à sa manière.

DISTANCIATION ET DISCOURS RAPPORTÉ

La « parole sur » est déployée dans une temporalité beaucoup plus large que la parole ordinaire : l'énoncé d'Altûn a duré presque cinq minutes, alors qu'il en aurait fallu moins de deux pour le dire sans le mélodiser. Les mots sont énoncés plus lentement que dans le langage quotidien, et l'espace de l'énonciation est empli des sons tenus. Les auditeurs se tiennent cois, les enfants sont éloignés, les larmes coulent.

Les *kilamê ser* sont conçus comme une unité. Altûn, terminant son énonciation mélodisée, a appelé ses propos : « une parole sur le mort ». À l'intérieur de cette entité, les discours rapportés sont fréquents. Ils paraissent parfois faire référence à des énonciations passées (j'ai dit : « ... »), parfois futures (je dirai : « ... »), parfois encore à des énonciations

Fɪɢ. 6 – Souvenirs évoqués par la parole mélodisée. En haut : Fîdan,
la mère de Cemile en habits de fête [Photo de l'auteur, 2007,
à partir d'un vieux cliché conservé par Cemile]. En bas : au *zozan*
[Photo © Christophe Kebabdjian – Arménie, 1999].

au présent mais avec une prise de distance (je dis : « … »). La « parole sur » est ainsi non seulement le temps présent de l'énonciation mais aussi celui des souvenirs évoqués, ou encore celui d'hypothèses, de pensées et d'aspirations.

En kurde, l'usage du discours rapporté direct est de loin le plus répandu dans la langue orale[1]. Mais cette préférence de la langue kurde est encore plus marquée dans les moments de récits tristes. Omniprésents, les discours rapportés multiples (j'ai dit : « … », je dis : « … », elle dit : « … ») ponctuent alors les paroles, multipliant les énonciateurs. Cet usage quasi constant de formules telles « j'ai dit » (*min go*), « je dis » (*ez dibêjim/ ez bêjim*) établit d'emblée une distance entre le locuteur et sa propre parole : ces énoncés existent alors de façon autonome, en dehors de leur énonciateur. Chacun interprète la phrase énoncée comme il l'entend. Ceci est renforcé par l'omission fréquente du pronom personnel. Lorsque le discours rapporté est introduit par la forme verbale « *go* », les auditeurs peuvent comprendre la phrase de plusieurs manières : « j'ai dit », « tu as dit », « il/elle a dit ». Certains linguistes ont attiré l'attention sur le fait que le discours rapporté peut être pensé comme un « régulateur de distanciation » (*reported speech as a distance regulator* – Argenti-Pillen 2003 : 149). Dans la « parole sur » d'Altûn, cette distanciation a pour conséquences :

- de présenter l'énonciatrice comme une personne autre ou de citer une « voix » qui n'est pas elle-même ;
- de laisser un doute sur la véracité de ses dires ;
- de ne pas formuler en son nom la malédiction pour le destin. « Dire qu'il a été dit que » éloigne, par la multiplicité des discours rapportés, le danger d'éventuelles « représailles » du destin ou de la mort.

Dans les *kilamê ser*, la citation place la parole dans un ailleurs, un espace hors de soi. Le pronom « je » ne renvoie alors plus nécessairement à l'énonciatrice. Sa référence se perd parfois dans l'imbrication de discours rapportés. Ceci est particulièrement clair dans les *kilamê ser*

---

1   Le discours rapporté indirect existe surtout à l'écrit ou dans le parlé des intellectuels. Pour une analyse des formes du discours rapporté en kurde (direct, indirect et indirect libre) voir Akin (2002). À propos du développement du discours rapporté indirect dans la littérature kurde, voir Aydoğan (2006).

énoncés au cours des funérailles où le procédé permet d'impliquer les participants au rituel en les évoquant ou en parlant en leur nom. Altûn mélodise : « J'ai dit : "Je n'ai ni père ni mère" » (27). Cette affirmation pourrait faire référence à un événement passé. Elle pourrait alors être véridique ou non (Altûn a peut-être dit "je n'ai ni père ni mère", ou peut-être pas). Mais elle mélodise aussi, faisant parler les femmes de ses frères : « Elles diront : "Qui est-elle ?" » (30), construisant ainsi un dialogue hypothétique à venir. Même s'il fait écho à des discussions bien réelles, le futur lui donne une dimension imaginaire. Dans l'ensemble, il est difficile de distinguer au sein des *kilamê ser* ce qui doit être pensé en terme de vrai ou faux. Les *kilamê ser* sont non seulement le récit de chagrins personnels, mais aussi des paroles nimbées d'irréel.

La mélodisation de ces énoncés et le discours rapporté ont des effets comparables. Au sens de Bakhtine (1977 : 161), le discours rapporté est un acte d'extraction d'un énoncé de son contexte, qui oblige à juger, peser et évaluer ce dernier – comme pour l'acte d'insertion. En typographie, les guillemets sont employés pour isoler un mot ou un groupe de mots cités ou rapportés, pour s'en distancier ou les mettre en valeur (Riegel, Pellat et Rioul, 1994 : 94). Le signe marque un changement de niveau énonciatif. C'est un effet similaire qu'opère la mélodisation de la parole chez les Yézidis. L'autonomisation de certains paramètres du langage par la mélodisation est un processus qui tend vers un détachement (partiel) du sémantisme, permettant la distanciation, la non-identification et l'absence de jugement de vérité. Par la mise entre guillemets qu'est la mélodisation, l'énonciateur peut, le temps de l'élocution, jouer un rôle différent de celui tenu au quotidien, plaçant sa parole à un autre niveau.

DES ÉMOTIONS CONTAGIEUSES

HBO ET LE NOURISSON

Un après midi de février, à Alagyaz, dans la maison de Hbo. Février est un mois particulièrement froid sur le plateau d'Aparan. La vie de la maisonnée se découle dans l'unique pièce chauffée par le poêle situé au centre de la pièce. Assises à la table près de la fenêtre, Cemile, Hbo et moi-même buvons un café. Près du poêle, la fille de Hbo berce son nouveau-né. Hbo, en bavarde réputée, raconte diverses histoires et commérages. De fil en aiguille, elle en vient aux funérailles de son frère et dit :

> « La femme de mon frère… Je me souviens mot pour mot de ce qu'elle a dit. Elle a dit sur le père de Zînê[1]… ».

Jetant un coup d'œil vers le nourrisson, elle choisit, exceptionnellement, de ne pas mélodiser ses paroles. Tout le monde sait bien que les *kilamê ser* peuvent être néfastes pour la santé des jeunes enfants et des femmes enceintes. Mais alors qu'elle énonçait le récit des funérailles de son frère sans mélodisation, Hbo n'est pas pour autant revenue à l'intonation normale de la voix parlée. Elle a adopté un ton de voix monotone qui contraste fortement avec la façon dont elle parlait juste avant ou juste après ce *kilamê ser :* son récit a été délivré en une séquence d'énoncés en *recto tono*[2], chacun à une hauteur légèrement différente. De temps en temps, revenant à une intonation de voix quotidienne, elle insérait des commentaires sur son *kilamê ser* (doc. 53).

Dans la transcription suivante, les paroles que Hbo a énoncées sur une voix monotone sont transcrites en colonnes, tandis que les commentaires qu'elle a insérés avec une intonation de voix quotidienne sont en dehors du tableau :

La nostalgie pesante se fait plus présente	*Derda da ser derda*
Par la grâce de Dieu	*Şikir mala Xwedêra*
Quelqu'un serait entré et aurait dit :	*Yek dêrîda bihata, bigota*
« Tous les soldats ont été envoyés en exil »	*Saldatê xerîv temam berdan*
Ils ont envoyé les soldats de la maison de ton père en exil	*Hetanî saldat xerîbîê mala bavê te berdan*
La mère et la fille se sont parfumées	*Dê û qîzê dest ji hev berdan*
J'ai dit : « Zînê, fils »	*Go Zînê, lao*
Ton père n'est pas vivant	*Bavê te divê tebî nîne*
Les balles de l'infidèle brillent au-dessus de la tête de ton père	*Gulle barûdê vî kafırî ser serê bavê Zînêra wîle-wîle*
La mère et la fille sont devenues orphelines et martyres.	*Dê û qîz bûne hêsîr û dîle.*

---

1   *« Jina birê min… Ewê çawa digo me pera pera heldida. Ewe ser bave Zînê digo… ».*
2   Sur une hauteur de son constante.

Hbo s'arrête un instant et rajoute :

« Une fois je suis allée à des funérailles dans le foyer de mon père et j'ai dit[1]... ».

Le père de Zînê est en exil	*Bavê Zînîe xerîbiyê*
Il n'y a personne à qui envoyer la nouvelle pour qu'il revienne.	*Kes tune cawekî bide bira bêye.*

« Et après j'ai dit[2]... ».

Les lions de la maison de mon père sont enterrés en terre étrangère.	*Berê şêrê mala bavê min dane axê gorê xerîb.*

« Et sur l'exil j'ai dit[3]... ».

Mon frère, nous sommes tous deux en exil	*Birê min, xerîb ez u tune*
Nous sommes assis près de la rivière trouble	*Em ber ç'emê şêlû rûniştine*
Que soit maudite la nostalgie d'une sœur pour un frère	*Xwedê xirav bike, xûşk û bira çiqas hezreta hevdune*
J'ai dit : « Le soleil du matin chauffe »	*Go teva sivê lêda*
La sœur a noué le dos du frère	*Xûşkê pişta birê girêda*
Il dit : « J'irai en exil »	*Go : ezê herme xerîbîêda*
Je ne sais pas si tu me verras un jour en rêve.	*Îda nizam, carekê min bivîni vê xewnêda.*

« Voilà ce que j'ai dit sur l'exil[4] ».

Que faire de mon cœur brisé	*Ezê çawa bikim xwe vî dilê şikestî*
Je coupe une rose, je fais un bouquet	*Gula biçinim, têkme destî*
Je serai votre sacrifice, je ne sais pas où sont les lions	*Qurbana weme, nizanim, şêr mane kîjan destî*
Tous les lions, un jour, partent.	*Her şerek çû kete cîkî.*

« J'ai aussi beaucoup dit sur la mort. [...]. Le fils de mon frère a dit : "Tante, dis comment la fille de mon frère est morte[5]" ».

J'ai dit : « Lûsîk, fils, frère de ta tante »	*Îjar mi digo Lûsîk lao, birê meta xwebî*
J'ai vu que le berceau de la fille de mon frère est en saule	*Mi dî bêşîka qîza birê min dara bî*

---

1   « *Careke ez cûm şîneke mala bavê xwe, min go...* ».
2   « *Û paşê min go...* ».
3   « *Û ser xerîbîyê min go...* ».
4   « *Min usa go ser xerîbîyê* ».
5   « *Ser mirya ji min digo [...] Kure birê min digo : "Metê, bejê çawa mirî qiza birê min"* »

Le nouveau-né a été donné à sa tante	*Saxî dergûş daye xatîê*
Elle dit : « Qu'est-ce que ce nourrisson dans ma maison ? »	*Go çi dergûşa nava malê*
Après une nouvelle réflexion, l'enfant a été emmené dans la maison de son oncle	*Poşman bûn, birine mala xalê*
Mon neveu a été tué, l'enfant est resté orphelin.	*Xarzî kuştin, dergûş bêxwey ma derê malê.*

Cemile : « Orphelin ? »
Hbo : « Oui, sa mère est morte » (et elle continue) :

J'ai dit : « Par malheur, le printemps revient	*Mi digo nebixêr bahar bê*
Que faire ? Je deviendrai un faucon et me fondrai dans le ciel »	*Ezê çawa bim ? Ezê bivim teyrekî qûşî hewa babim*
Maudit, je passerai par la tombe	*Bira Xwedê xirav bike, çaxê mezelê teze bêm,*
La tante se promène parmi les tombes	*Ezê ser mezelê te peyabim*
Tu ne l'as pas reconnue	*Bê metê nav mezela bigere, serê xwe kurke, wekî naskî, nasnakî*
Regarde la photo des jeunes hommes de dix-sept et vingt et un ans.	*Şikilê hîjdeh salî vegere vî alî, naske yê bîstyek salî.*

« Voilà ce que sa mère a dit de lui[1] ».

Cemile a écouté ces citations, comme elle écoutait le reste des dires de Hbo : un sourire au bord des lèvres, les doigts chiffonnant le papier du bonbon de marque arménienne « grand canndy » dégusté avec le café, le regard perdu entre la télévision dont le son a été coupé et les mouvements du berceau du petit-fils de Hbo.

À un moment donné, un visiteur est entré dans la cour de la maison. La fille de Hbo est sortie pour aller à sa rencontre, emportant avec elle le nouveau-né. Dès qu'elle a passé le seuil de la porte, Hbo, mélodisant alors sa parole, a repris :

« Et aussi, tu sais, j'ai dit[2]… ».

À l'écoute de cette deuxième citation, dont le contenu sémantique ne différait pas de manière significative des précédents énoncés de Hbo, Cemile a soudainement changé d'attitude. Le papier de bonbon posé sur

---

1   « *Daê ser wî ji ra digot* ».
2   « *Zanî min ji go…* ».

le bord de la tasse, et les mains sur ses genoux, elle a effectué quelques hochements de la tête et ses yeux se sont remplis de larmes.

MÉLODISATION, INTONATION ET EMPATHIE

Hbo affirme que dans les « paroles sur », seuls les mots comptent. Et de fait, personne ne commente ni la ligne mélodique, ni la voix des énonciateurs. Sauf cas particulier, on ne dirait pourtant pas de *kilamê ser* sans mélodisation. Certains indices montrent que cet élément n'est pas anodin. Il est, par exemple, possible de dire les mots d'une « parole sur » en présence d'un nourrisson, mais il est fortement déconseillé de mélodiser ces paroles. Car, même ceux qui ne les comprennent pas sont sensibles à la mélodisation particulière des *kilamê ser*.

On a coutume de définir l'intonation, comme l'ensemble des « schémas typiques de la mélodie de la parole ayant une signification fonctionnelle » (Riegel, Pellat et Rioul 1994 : 61). L'intonation de la voix parlée est généralement considérée comme un marqueur de l'émotion. Elle ajuste ou contredit le sens des mots en en faisant ressortir des dimensions sémantiques particulières. Or, dans la parole chantée, ce sont les mots qui se moulent dans une ligne mélodique indépendante à la fois de leur sens et de l'état émotionnel de l'énonciateur. La même ligne mélodique est en effet utilisée pour différents sentiments traumatiques allant de la perte de parents proches à la nostalgie de l'exil, en passant par les destinées tragiques des héros épiques. En conséquence, les variations de hauteurs et d'accentuation de la voix ne reflètent plus les contours d'une expérience personnelle. Dans la parole mélodisée l'intonation est alors non pas soulignée mais supprimée. On peut se demander pourquoi la suppression de l'intonation de la parole apparaît précisément dans les moments de forte intensité émotionnelle (comme par exemple les funérailles). Il n'est pas aisé d'étudier les effets de la mélodisation dans la narration d'événements traumatiques, puisque le contenu de l'énoncé verbal et le mode d'énonciation vont en général de pair. Ce sont des cas exceptionnels, comme l'énonciation de Hbo en présence du nourrisson, qui révèlent le rôle de la mélodisation.

Les recherches sur la narration d'événements traumatiques (Argenti-Pillen 2003, Briggs 1992, 1993 & 2007, Grima 1993 et Wilce 1998) ont montré que plus les énonciateurs sont affectés émotionnellement par les événements qu'ils racontent, plus ils usent des marqueurs linguistiques et pragmatiques de distanciation afin de se dissocier de leur propre récit. Les événements profondément traumatiques doivent être tenus à distance pour pouvoir être dits. Plusieurs régulateurs de distanciation sont impliqués dans ce processus, tels l'usage étendu du discours rapporté, de certaines tournures grammaticales, ainsi que des postures corporelles. L'usage d'une voix monotone a aussi été rapporté par Alexandra Pillen (2012, communication orale[1]). Dans sa conférence sur les usages de la langue chez les femmes kurdes de Turquie vivant à Londres, l'auteur constate que, pour raconter un événement particulièrement triste, les narratrices placent leur récit dans une voix monotone, réduisant l'intonation à un ambitus particulièrement réduit. Tous ces éléments semblent minimiser l'implication du narrateur dans son récit. Dans ce contexte, la mélodisation de la parole peut être une réponse différente à un même besoin.

La musique est souvent envisagée comme une rencontre émotionnelle avec les sons, mais la parole mélodisée peut être mieux décrite comme une tentative de désengagement ou de retrait d'une émotion trop forte. La mélodisation serait alors un autre régulateur de distanciation. Mais pas n'importe lequel cependant. C'est au moment précis où Hbo a mélodisé ses paroles, que Cemile s'est mise à pleurer. Si la parole mélodisée ou la parole monotone peuvent avoir été des équivalents du point de vue de Hbo, la mélodisation a clairement rendu les émotions plus contagieuses.

UN UNIVERS SUSPENDU

UN ESPACE DE PEINE

Par des procédés énonciatifs spécifiques, les paroles mélodisées, chargées d'affects particulièrement intenses, se distinguent de l'usage quotidien de la langue. Selon Sperber (1974), la mise entre guillemets est le propre du savoir symbolique. Contrairement au savoir encyclopédique,

---

1   Communication orale lors de la conférence de l'EASA 2012, Université Paris Ouest la Défense.

celui-ci n'est pas directement référentiel. Il construit plutôt un univers dans lequel le jugement de vérité se trouve en quelque sorte suspendu. De ce point de vue, l'introduction « J'ai dit : "…" » compte plus que les affects qu'elle permet d'exprimer. Seules les énonciations liées à la peine peuvent recevoir la mise entre guillemets supplémentaire qu'est la mélodisation. Ce cadre, défini par une temporalité spécifique, une omniprésence du discours rapporté et par la mélodisation, dépersonnalise et autonomise l'énoncé. La mélodie crée un moule plus neutre, en un sens, que l'intonation de la parole simple. Toutes les « paroles sur » sont mélodisées plus ou moins sur la même courbe, qui est en elle-même porteuse d'une certaine émotion (et dans le cas du *duduk*, la mélodie a une efficacité à elle seule). Ce procédé place la « parole sur » dans un univers suspendu, permettant à chacun d'y entrer ou aux émotions d'en sortir. C'est dans ce cadre que se dessine l'espace d'empathie entre le locuteur, le *kilamê ser* et l'auditoire.

Dans les « paroles sur » instrumentales ou jouées en trio (deux *duduk* et une voix), un bourdon est joué par un deuxième *duduk*. Son grave et continu au-dessus duquel se déroule la mélodie, le bourdon donne une épaisseur au chant, un appui pour le deuxième *duduk* et pour le chanteur[1]. Le *duduk* remplit l'espace d'un son continu, dans lequel les pleurs peuvent se mêler, se construire, s'accrocher. Lorsqu'il est absent, les musiciens et auditeurs comblent les vides en tenant le bourdon au moment où le chanteur reprend sa respiration. Le bourdon définit un cadre, une base, une référence. Dans les paroles mélodisées enregistrées en studio, le bourdon est généralement enrichi d'une réverbération, et parfois d'une deuxième et troisième note (au synthétiseur), créant un bourdon en accord. Ce bourdon épais (plusieurs notes et réverbération) crée un espace large, grandiose. La réverbération est un effet sonore visant à construire un lieu plus ou moins vaste par retour de signal sonore. La présence de cette réverbération, comme celle d'un bourdon formé d'un accord place la « parole sur » dans un espace étendu. Joué au *duduk*, cet espace est celui des pleurs, de la parole et du pathétique.

---

1   À propos du rôle du bourdon dans le chant byzantin, Chrysanthe de Madyte (1821 :135-142) explique que le bourdon est non seulement un support de la mélodie, mais il est pensé comme un terrain qui prépare et conclut la mélodie. Il est appelé *ison* qui signifie « égal » : celui qui ni ne monte, ni ne descend.

LES AIGLES DE LA MONTAGNE

Dans la parole mélodisée, certaines images en évoquent d'autres. Les aigles de la montagne renvoient par exemple à l'image du *zozan*. Cette image évoque pour la plupart des auditeurs de nombreux souvenirs, mais elle ne se situe nulle part. L'attention portée à entourer le corps (jamais seul, entouré de sons, caméra centrée sur le visage) contraste avec un espace poétique insituable. Cet espace poétique n'a ni unité de temps, ni unité d'espace, mais il a une forte unité d'émotion.

Dans les funérailles, l'espace sonore entoure la dépouille. Le son (plus que la vue) a des propriétés enveloppantes. L'énonciation des *kilamê ser* (voix ou *duduk*) lors des funérailles place alors non seulement la dépouille, mais aussi les auditeurs dans une enveloppe sonore localisée dans le temps et le lieu du rituel. Par l'évocation d'autres *topoi* (le *zozan*, l'Ukraine…) et d'autres personnes (le fils qui se trouve dans la pièce voisine, le frère qui est à Moscou…), cet espace sonore est déplacé vers un ailleurs plus ou moins défini. À ce déplacement de l'espace sonore entre le lieu du rituel et un ailleurs se superpose le départ du mort vers l'autre monde.

Le lieu de l'énonciation, l'évocation d'ailleurs multiples (*zozan*, maison de mon frère…), le tissage d'un réseau de relations entre les présents et les absents, la mise entre guillemets et la mélodisation de la parole sont autant d'éléments qui créent un univers virtuel. Le bourdon et la réverbération quant à eux, suggèrent un espace vaste.

Par les procédés textuels et musicaux qui les constituent, les *kilamê ser* ouvrent vers des lieux hétérotopiques (Foucault 1984), souvent imbriqués. Ces lieux, chargés d'émotions (*zozan*, maison de mon père, vallée de Laliş) ont des implications profondes liées au sentiment d'exil. Tout se lie : les gens renvoient à des lieux, les lieux renvoient à des émotions, les émotions renvoient à des gens, les gens renvoient à des émotions, les émotions renvoient à des lieux et les lieux renvoient à des gens (**Fig.** 7). Parle-t-on d'un lieu pour évoquer des gens et des émotions ou est-ce le contraire ? S'il est difficile de déterminer la cause et l'effet, les lieux présentent une caractéristique plus intéressante encore : celle d'inclure la musique. La mélodisation de la parole ajoute une dimension à l'espace physique évoqué. C'est un lieu suspendu dans lequel chacun peut entrer. Cette thématique de l'espace, très importante pour les Yézidis dans l'expression de la douleur, sera analysée dans le chapitre suivant à travers la thématique de l'exil (*xerîb*).

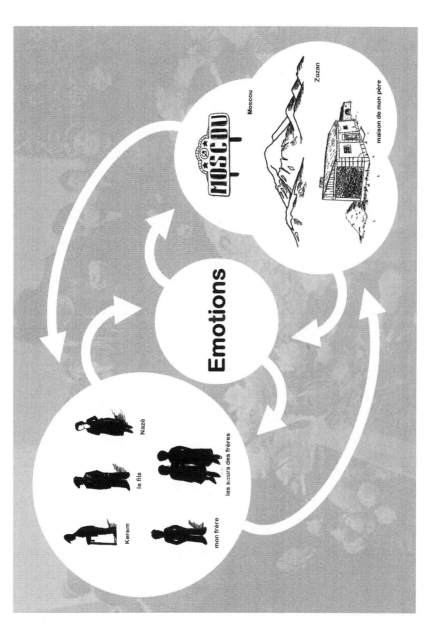

FIG. 7 – Interactions entre les lieux, les espaces et les gens dans la parole mélodisée [Schéma Aurélien Lebreton].

TROISIÈME PARTIE

« QUE JE SOIS TON SACRIFICE »

FEMMES ENDEUILLÉES
ET MUSICIENS SPÉCIALISTES

Près du corps sans vie, l'attitude des femmes et des hommes diffère. Les femmes qui mélodisent leur parole sont endeuillées (occasionnellement ou éternellement), elles ont le « cœur brûlant » (*dilşewat*) : c'est leur douleur personnelle qui leur permet de pouvoir bien se lamenter[1]. Dans le cas des hommes spécialistes, aucun deuil personnel n'est évoqué. Ces hommes, par leurs énonciations, ont le pouvoir de faire pleurer et de provoquer une douleur. Si ce pouvoir ne vient pas d'une émotion vécue personnellement, il peut alors être pensé comme une caractéristique intrinsèque de leurs « paroles sur ».

En suivant le parcours de vie de quelques femmes connues pour bien se lamenter et celui de musiciens spécialistes, ce chapitre analysera deux paradigmes de diffusion de l'émotion présents dans les funérailles.

« CŒURS BRÛLANTS » :
PARCOURS DE LAMENTATRICES

Dans les funérailles, les regards sont tournés vers les proches parentes du défunt, assises près du cercueil ouvert. On attend d'elles des *kilamê ser*, ou tout au moins des soupirs, des gémissements, des exclamations, des pleurs, des balancements du corps d'avant en arrière. Elles se doivent d'exprimer les gestes de la souffrance, de la perte et du deuil. Chaque village a cependant quelques femmes qui participent vocalement à toutes

---

1   Sur l'état de deuil permanent des lamentatrices en Azerbaïdjan, voir Amy de la Bretèque (2002, 2005), chez les Kurdes de Turquie voir Amy de la Bretèque (2004, 2013), chez les Pachtounes voir Grima (1992).

les funérailles, qu'elles soient ou non de proches parentes du défunt. Elles ne sont pas professionnelles, mais elles sont connues pour bien chanter. Le parcours de ces femmes a toujours quelque chose de tragique : un chagrin inconsolable, un deuil non accompli… Bien souvent, leur vie est une combinaison de malheurs. Il est très rare que ces femmes soient jeunes : c'est en général à partir de la quarantaine que le chagrin s'empare d'elles. La perte du fils, des filles ou du frère est présente au quotidien, elles sont toujours prêtes à dire leur souffrance et celle des autres. En parlant d'elles, les autres femmes du village disent : « Leur cœur est rempli de souffrances[1] ».

Altûn, Hbo, Hasmig et Şûşîk sont originaires de la région d'Aparan où elles sont connues pour les paroles déchirantes qu'elles mélodisent lors des funérailles. Lorsqu'elles me contèrent leur histoire, leurs paroles se transformèrent vite en *kilamê ser*. La retranscription de ces récits de vie chargés d'émotions permettra de mieux comprendre leur statut.

Altûn Lezguian Mirzoevna (**Fig. 8**) est née à Tbilissi en 1951. Elle est originaire d'Alagyaz, du clan (*ber*) des *sîpkî*. Mariée à 13 ans, elle devient veuve à vingt-six ans avec quatre enfants (un fils et trois filles). Lors de la mort de son fils unique, tué en Ukraine, elle a commencé à énoncer des *kilamê ser*. Son regret est de ne pas avoir pressenti que son fils allait mourir, sans quoi elle se serait remariée (**doc. 51**).

Ah, je dis : « *Wey li minê, wey li minê* »	*Ax, dibejim : Wey li minê, wey li minê*
Dieu, comme c'est dur	*Hewara Xwedê çiqas zore*
Quand je mourrai et que mon cercueil sera emporté	*Çaxê dimrim, wê bikevin bin çardara min*
Pose la main sur mon cœur	*Wî çaxî destê xwe dilê minxe*
Ay, destin, *ay*, destin	*Ay felek, ay felek, ay felek*
Traître destin	*Felek xayîne*
Il trompe les mères de jeunes enfants	*Daykê xorta dixapîne*
Dieu, il était bon	*Hewara Xwedê meşedîbû*
Le vent caressait l'herbe odorante	*Ne ç'evî bû, tûmê hewşanê berbi ba bû*
Quand les malheureuses tantes, mères et sœurs ont prêté attention	*Gava porkura metê, daykê, xûşkê bala xwe daê*
Les proches ont dit : « Quel malheur »	*Xal û xarzya hevra gotin çi şipûke*
Je dirai : « Romîk, fils, ne fais pas cela »	*Ezê bêjim : Romîko lao, vê yekê mira neke*
Frère, ne pars pas dans les terres vierges	*Birê mino, qesta vê bexweya xopanê neke*

---

1   « *Dilê wan tijî derd û kul e* ».

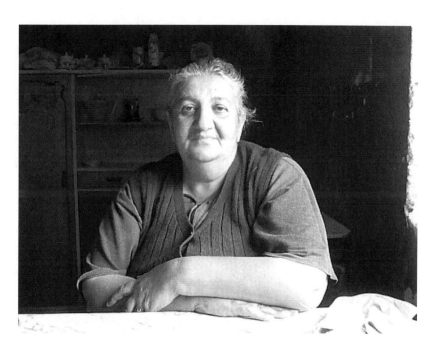

Fig. 8 – Altûn [Photo de l'auteur, septembre 2006].

J'ai dit : « Romîk, on t'a tiré dans la poitrine »	*A, mi go Romîk gulle berî bedena te dana*
Grande taille, bon danseur, fleur de la ronde	*Bejna bilind, ç'eplê reqasçya, gula govenda*
Il est toujours à la tête des festins	*Ew hertim serê textê şayaye*
Ay, fils, tu t'es dirigé vers la source de la route	*Ay lao, te berê xwe daye ç'evkanîngê devê rêye*
J'ai dit : « Je dirai : "Romîk, fils	*Mi go ezê bêjim : Romîko lao*
Ta mère mourra	*Dya te bimre warekî*
Hey lê, fils, écoute ta malheureuse mère,	*Hey lê lao, gura dayka xwe hêsîr bêbext bike*
Ne pars pas en Russie	*De tu terka wê Ûrisêtê bide*
Ah, fils, ta mère t'a élevé	*Ax lao, dayka te tu xweykirî, mezin kirî*
Ne laisse pas la mère sans son fils	*Tu usa warê daykê reş neke*
Romîk, mon frère, ne me donne pas tant de chagrin	*Romo, birê mino, tu were vê bêbextîê minra neke*
Ah, ma chair, ne prends pas de grande douleur dans ton cœur" »	*Ax, xweyê mino, kulî giran neke dilê xwe*
Faites qu'ils ne tuent pas dans l'Ukraine maudite	*Bira wêrana Ûkraînaê nekuje*
Faites que mon Romîk porte mon cercueil	*Bira Romîkê min bikeve bin çardara min*
Qu'il jette sur mes yeux une poignée de terre	*Kulme xwelî bavêje ser ç'evê min*
Enlève tous les chagrins de mon cœur	*Hemû kulê giran derxe ji dilê min*
Je dirai : « Ne te noie pas, fils »	*Ezê bêm menal, lao, menal*
Que les yeux noirs ne se décomposent pas sous la terre	*Ç'ev-birîê belek bona metê, daykê, xûşkê bin axêda neke kendal*
Hay li minê, wey li minê	*Hay li minê, wey li minê*
Que ferai-je de cette mort ?	*Ezê çawa bikim xwe vê mirinê*
À cause de cette mort j'errerai dans les champs	*Ezê destê mirinê ketime çole-çolistana*
Şalîko, fils, je deviendrai une corneille sur la route	*Şalîko lao, ezê bûme qijika serê rya*
Je deviendrai une corneille noire à la porte	*Bûme qertela ber derya*
Mon frère, j'ai dit : « Je suis mère d'orphelins »	*A, birê mino, min go : dayka êtîmame*
Je dirai : « Les orphelins ont trois ou quatre ans	*Ezê bêjim : xweyê mino, êtîmê sê-çar salîne*
Les orphelins de mon aimé sont restés à la porte	*Êtîmê delalê, dilê xwe didime ber derya*

Tant que seront vivants les oncles, tantes, grands-pères et grands-mères

Hetanî xal, xatî hebin, kal, pîrik hebin

Ils n'oublieront jamais leur proche »

Delalê dilê xwe tu car bîr nakin

J'ai dit : « Şalîko, frère, si le monde avait pu être différent avec nous

Mi go : Şalîko, bira dinya hemû min û tera wa nehata

Que les orphelins de mon proche n'aient jamais besoin de rien »

Bira êtîmê delalê dilê min hewcîê tu kesî nebûna

Je dirai : « Notre maison est devenue une maison de villageois

Ezê bêjim mala me bûye mala gundya

Pour la douleur de notre frère, nous porterons des fourrures de loup »

Derdê bira emê xwekin postê gura

J'appelle mon frère, mais il ne vient pas

Ezê bira dikim, bira naê

Que va-t-il advenir des sœurs après le départ du frère ?

Minê xwe avîtye ber bextê qîzê, gotye bextê weme

Je n'ai pas de maître de maison, je n'ai pas de fils

Tune malxuê min, tune kurê min

Préparez un cercueil au bois odorant

Rabin tabûteke çêkin, hine darê vege textê çamê

La responsabilité des orphelins est sur mes épaules

Usa guneme, xweykira hêsîrê êtîmim

Mon fils a été tué, je n'ai plus de fils

Kurê min kuştine, warê min reşkirine

Que ce cercueil conserve son corps intact

Bira lawê min têda negre xubar û zenge

Je dirai à Romîk : « Mon frère

Ezê Romîkra bêjim : birê mino

Quel chagrin tu as donné à ta mère »

Ew çi şîn te anî serê dayîkêda

Ah, la mère a dit : « Je ne sais pas pourquoi l'arbre de marié de mon fils est devenu noir »

Ax, daykê go : nizam, çima reş kirine dara kurê min

Elle a dit : « Je ne sais pas pourquoi mon fils Romîk n'a pas été défendu »

Go : nizam, çima xweynekirin Romîkê lawê min

Elle a dit : « Romîk, fils, après toi la douleur a transpercé mes os »

Go Romîk, lao, paşî te êş ketye hestuê min

Ah, mon frère, je ne sais pas ce qu'il va advenir

Ax, birê min, nizam, paşî wê çawabe

Ah, ma chair, la mort est meilleure que notre état

Ax, xweyê min, mirin halê me çêtire

Ah, j'ai dit : « Şalîko, fils »

Ax, mi go : Şalîko, lao, kurê min

Je supplie mes filles

Min gunê xwe kirye stûê qîzê xwe

Portez mon cercueil à la place de mon fils

Dewsa lawê min bikevin bin çardara min

Quand je mourrai, fermez de vos mains mes yeux

Çaxê dimrim, bira destê xwe bidne ser ç'evê min

Ah, enlevez cette lourde douleur de mon cœur	*Ax, evê kula giran derxin ji dilê min*
Puis jetez sur mes yeux une poignée de terre	*Paşê heve xwelî bavêjin ser ç'evê min*
Ah, je mourrai, je mourrai, le cœur de la mère est blessé, il a mal	*Ax, neman, neman dil bi birînê, dil bi êşê daykê*
La mère est restée seule	*Ber dîwara maye daykê*
Ah, tout le malheur est resté sur la mère.	*Ax, kulê dinê tera maye daykê hewara bi Xwedê.*

Hbo Lezguian (**Fig. 9**) est originaire d'Alagyaz. Elle est parente d'Altûn. Elles se sont mariées à deux cousins, et étaient elles-mêmes cousines. Hbo est plus âgée qu'Altûn. Elle ne manque aucune veillée funèbre. Sa voix, les années passant, est moins mélodieuse que par le passé, mais les mots qu'elle prononce ne manquent jamais de faire pleurer. Elle a commencé à énoncer des *kilamê ser* après avoir entendu en rêve un *hurî* (protecteur invisible) qui lui annonçait que son avenir se déroulerait dans les funérailles. Hbo a deux filles mais pas de fils, son mari est mort quelques années après son mariage. Sans descendance (masculine), Hbo a un chagrin permanent dans le cœur (**doc. 54 et 55**).

Pauvre mère, je suis étrangère, je suis étrangère, je suis étrangère de Dieu	*Daê dêranê, xerîbim, xerîbim, xerîba Xwedême*
Un poussin sur la route sous les rayons du soleil	*Cûcika serê rême, ber perê roême*
Chagrin sur toi [sur ta tête], je suis l'invitée de la tombe	*Serê te kurbe, mêvanê qebrême*
Mère, un étranger a été pris, été pris, été pris	*Daê, xerîb birin, birin, birin*
Emporté par-delà sept montagnes	*Pişt hevt ç'yada werkirin*
L'étranger a été pris par la main	*Destê xerîba girtin*
Amené dans la tombe froide	*Axê gora sar birin*
Les musiciens sont allés près du lac	*Saz hatin binya golê*
Ah, les chevaliers se sont approchés du lac	*Ax, cindî, hatin binya golê*
Le malheur est sur la tête de ma mère	*Serê dya min kurbe*
Je suis restée seule dans le champ	*Ez tenê dimînin çolê*
Mère, lève-toi et reviens à toi	*Daê rave, têke solê*
L'étranger a été mené au lac	*Xerîb birin binya golê*

Fig. 9 – Hbo [Photo de l'auteur, février 2007].

Le malheur est sur la tête de ma mère	*Serê dya min kurbe*
Je suis restée seule dans le champ	*Ez tenê mame çolê*
Les musiciens se sont approchés du pont	*Saz hatin binya pirê*
Devant eux les rubans se sont dénoués	*Qeytan vebûn berê*
La malheureuse sœur se languit de son frère	*Delîla xûşkê bûye hezreta birê*
Le soleil du matin a brillé	*Te'va sivê lêda*
La sœur s'est accrochée au dos de son frère	*Xûşkê pişta birê girêda*
[Il dit] « Tu ne me verras qu'en rêve »	*Tenê min bivînî xewnêda*
Les musiciens se sont approchés du lac	*Saz hatin binya golê*
Mon aimé, reviens à toi	*Ç'ara min, pêke solê*
J'ai dit : « Le malheur est sur la tête de ma sœur »	*Go serê xûşka min kurbe*
Tous rentreront chez eux	*Giştê herin mal-halê xweda*
Je resterai seule dans le champ	*Ez tenê dimînim çolê*
J'ai dit : « Mère, je suis une colombe, une colombe baguée »	*Go daê, kevotkim, kevotka pe'tî*
Mélange-moi au levain	*Min têke nav nanê hilatî*
Dans quel pays vais-je me retrouver ?	*Wê berê min bidne kîjan welatî*
Je partirai en exil	*Ezê herme xerîbîêda*
Tous viennent vous voir	*Tev tên yalê weda*
Je ne sais pas, peut-être me verras-tu une fois en rêve	*Nizam, carekê min bivînî xewnêda*
J'ai dit : « Mère, baluchon, baluchon »	*Go daê, xurcîne, xurcîne*
Tout est vert, bleu	*Temam keske şîne*
Mère, que le frère parte, qu'il ne perde pas son chemin	*Daê, birao, here, ox'ira xwe nemîne*
Le malheur est sur la tête de ma mère	*Serê xûşka min kurbe*
Je dirai : « Mon aimé, mon cœur me souffle ma conduite »	*Ezê bêjim : ç'ara mino, dilê min dibêye*
Les yeux de la sœur sont fixés sur la route	*Ç'evê xûşka usa rêye*
J'ai dit : « Quand mon frère reviendra-t-il d'exil ? »	*Go gelo kengê birê min welatê xerîba bêye*
Il dit : « Mère, je ne reviendrai plus	*Go : daê, naêm, îda naêm*
On m'enterrera en terre étrangère »	*Wê berê min bidne axê gora xerîbîêye*
J'ai dit : « Mon aimé, mon cœur brûle comme la flamme dans la forge »	*Go ç'ara min, dilê min kûre kûrê van hedada*
J'ai dit : « C'était le soir, le soleil s'était couché	*Go êvar bû, ro me çû ava*

Les *kafir* [infidèles] nous ont fermé la porte	*Kafıra derî ser me dada*
Ils ont tué ces lions et les ont placés derrière des grilles »	*Ev şêr kuştin, dane piş dergeda*
Je dirai : « *Heylo*, cavalier, ne te presse pas	*Ezê bêjim : heylo, syaro, hêdî bajo*
Ne vous pressez-pas, cavaliers »	*Hêdî bajo, gelî syara*
Ah, blessés du cœur	*Ax, dilê birîndara*
Va lentement, va lentement, il est blessé	*Hêdî bajo, hêdî bajo, birîndare*
Ne le ballottez pas, il est blessé	*Neleqînin, birîndare*
Ne vous pressez pas, cavaliers	*Hêdî bajo, gelî syara*
J'ai dit : « L'avion a décollé dans le brouillard	*Go samalyot rabû nav mijêda*
Le nouveau-né est resté au berceau »	*Dergûş maye bêşîkêda*
Dodo, dodo, dodo, fiston	*Lûrî-lûrî, lûrî, lao*
Ta mère est malheureuse, ton père est mort	*Dê qertelbe, bav mirye*
Ne vous pressez pas, cavaliers	*Hêdî bajo, gelî syara*
Ne vous pressez pas, il est blessé	*Hêdî bajo, birîndare*
Ne ballottez pas la blessure mortelle	*Birînê kulê neleqîne*
La sœur a dit : « Malheureuse, malheureuse	*Xûşkê go : rebenê, rebena dêra*
Le soir, mon frère a été roué de coups de couteau	*Êvarda birê min dane ber k'êra*
Le malheur est sur la tête de la sœur, je ne sais pourquoi »	*Serê xûşkê kurbe, nizam çira*
Ne vous pressez pas, cavaliers	*Hêdî bajo, gelî syara*
Ne vous pressez pas, il est blessé	*Hêdî bajo, birîndare*
Ne ballottez pas la blessure mortelle	*Birînê kulê neleqîne*
La blessure mortelle est douloureuse	*Birînê kule zef çetine*
J'ai dit, mon aimé : « L'avion a décollé dans le brouillard	*Go ç'ara min, samalyot rabû nav mijêda*
Le nouveau-né est resté au berceau »	*Dergûş maye bêşîkêda*
Les travaux domestiques reposent sur les épaules de la malheureuse mère	*K'ozya giran ketye stûê porkura dêda*
Hey lê waê	*Hey lê waê*
Mon aimé, mon cœur est un nid de faucons, un nid de faucons, ô frère	*Ezîzê min, dilê min hêlûna teyrê bazî, teyrê bazî, lo birao*
Le lézard a fait son nid dans la tombe de l'oncle et du neveu, ô frère	*Mergîska hêlûna xwe çêkirye ser mezelê xal û xarzî, birê mino*
Le soir, il a fait son nid à Alagyaz, dans la tombe de l'oncle et du neveu	*Êvarda çêkirye Elegezê ser mezelê ap, birazî*

J'ai dit : « Mère, ne soulève pas le couvercle de mon cercueil	*Go daê, derê tabûta min veneke*
Les souris et les serpents ont mangé toute ma chair	*Mişk, me'ra xwerye goştê min*
Le scorpion a enlevé l'anneau de mon doigt	*Dûpişkê birye gistîla tilya min*
Dans le cercueil il ne reste que mon costume ».	*Tenê tabûtêda maye forma min.*

Hasmig (**Fig.** 10) a passé toute sa vie dans le village de Rya Taze : son enfance, sa vie de femme mariée, et sa vie de veuve. Elle habite une des dernières maisons du village, sur un promontoire. Du pas de sa porte, la vue est plutôt plaisante : en contrebas le village, et au loin, de l'autre côté de la grande route menant à Tbilissi ou Érévan, les cimes enneigées du mont Aragats. La vie est dure cependant. Hasmig courbe l'échine tous les jours pour acheminer l'eau jusqu'à sa maison, dans des seaux suspendus à une fine poutre qu'elle tient sur son épaule. Hasmig a perdu son fils, voilà déjà huit ans. Il avait vingt cinq ans, marié depuis quatre ans, il était père d'une fille et d'un fils. Hasmig doit veiller sur tout le monde : en plus de sa bru et de ses petits-enfants, Hasmig s'occupe de sa mère et de son oncle paternel, le frère de son père, aveugle. Hasmig, jeune fille, avait une voix appréciée dans les mariages du village. Aujourd'hui, elle dit ne plus pouvoir chanter de *stran* (chants) : « Je ne peux plus chanter, mais je dis mon chagrin, je raconte mes souffrances[1] » (**doc. 30**).

Une grue, j'ai crié, je suis une grue	*Qulingim, diqîryam, ay, diqîryam*
Je me suis retrouvée dans la Russie maudite, errant, le cœur en souffrance	*Ezê ketim wêrana Ûrisêtê, halê dilê xwera digeryam*
Mon fils unique de vingt cinq ans célibataire et mon frère ont été tués un soir	*Kurê minî bîstpênc salî nezewicî taê-tenê êvarda birê min kuştin*
Malheureuse de Dieu, une fois encore je m'en suis retournée dépitée, personne ne m'a rien dit sur lui	*Ez, delîla Xwedê, careke dinê por-poşman vegeryam, kesek salixê wî minra neda*
Je m'en suis retournée le cœur déchiré	*Ezê halê dilê xwera hêdî-hêdî vegeryam*
Valerik, sois le père de ta tante	*Valêrîko, bavê meta xwe kiribîo*
Père de deux cerfs	*Bavê du karî-xezalane*

---

1 « *Ez êdî nikarim distrînim, lê ez derdê xwe dibêjim, xem û kulên xwe qisse dikim* ».

FIG. 10 – Hasmig [Photo de l'auteur, avril 2007].

Sa fille de douze ans, son fils de six mois

Qîza wî, keç'a wî donzdeh salîye, kurê wî şeş mehye

Ne laisse pas ta jeune épouse seule

Jina wî bûkîne, ber dîwara nehêle

Ne la laisse pas à ton vieux père, ne pars pas

Hîvya kalê bavê xwe nehêle, neçe

J'ai dit : « Malheureuse tante, je suis si fin, si beau

Go metê dêranê, ez usa dilim, yekî xasî-kawame

Je suis grand, aux cheveux roux et bouclés

Bejna mine bilinde, porê minî xûcûcî sorî-sosine

Mes sourcils et mes cils bien dessinés, ma parole douce dans un sourire aux dents blanches

Birû-bijangê min qeytanîne, zarî minî şîrine, dev-diranê mine sedefîne

Mon destin est un traître »

Feleka min xayîne

Qui cherche à prendre mon âme

Tu were min bive ruhê ber bedena min bistîne

À me séparer de mon fils et ma fille

Destê min kur, qîzê min hev biqetîne

Printemps, beau printemps

Bahare, xweş bahare

Sur les berges de la rivière, roses et lilas ont fleuri

Gul, sosinê devê ç'ema şîn bûne

Wey, mon chagrin, marchons au fil de l'eau, cueillons des fleurs pour en faire un bouquet

Weyla min dêranê, werin em têkevne devê ava, gula biçînin, têkin destî

Wey, mon chagrin, je ne sais à qui confier la fille et le fils de Valerik

Weyla min dêranê, nizam, emê keç'ik, kurê Valêrîk k'êr'a têkin carî, berdestî

Ceux qui ont perdu une sœur, ô chagrin, chagrin,

Herç'ê xûşkê wana mirine, wey dêranê, wey dêranê

Je vous rappelle vos chagrins

Bextê xema dilê weme

Frida, la sœur de Cemile était si belle[1]

Frîda xûşka Cemîlê yeke usa xase, kawe-kubar bûye

Elle était à marier, mais est restée à mi-chemin

Ew ber miraz bûye, nîvê rêda maye

La sœur de Cemile dit : « Les nouvelles sont parties pour l'Allemagne maudite

Cemîle xaê divê : cavekê bide Gêrmanya wêranda

Que Frida rentre immédiatement, sa mère est morte »

Bira Frîce nesekne bê, dayka wê mirye

Ah, je suis témoin de la bonne entente de la mère avec sa fille

Ax, ezê bêjim dêtî, qîztî halê dilê mera çiqa xweşe

Quand la mère de la fille était au seuil de la mort

Wekî dayka qîza dikeve ber mirinê

La fille n'était pas à son chevet[1]

Qîzeke helal ber serê wê rûnanê

La mort est et sera, la mort est et sera

Mirine, ay, wê gelek hebe, gelek hebe

Le petit fils d'Usiv dit : « Je suis dans une gorge profonde

Ûsivê nevî divê : gelî k'ûre, ez têdame

Le chagrin de ma mère, c'est la gorge de Lali ş »

Serê dayka min jêkirîbe, gelî gelîê Lalişane

La mère de Valerik dit : « Le couvercle du cercueil a été refermé sur moi »

Dayka Valêrîk divê : derê tabûtê ser min dadane

Valerik dit : « Malheureuse tante, cela fait déjà trois mois

Valêrîk divê : metê dêranê, eva îdî meha sisyane

Le scorpion a enlevé l'anneau de mon doigt

Dûpişkê gistîlka destê min revandye

Les lézards ont rongé ma chevelure, chagrin ma tante »

Mergîskê tûncik-tamûrîê min qusandine, serê meta min jêbe

La terre d'Aparan est humide, je suis malheureuse

Tu were erdê Ax'baranê avzême, min dêranê

Quand le printemps viendra, ils aplaniront ma tombe, dresseront la pierre tombale, ils cloueront le couvercle de ma tombe

Tu were bahar bê, mezelê min hilînin, kevirê min jî daynin, derê tabûtê ser min bigrin

Maudit soit le moment où cette grande taille s'abîmera, ces yeux noirs

Xwedê xirav bike şîşmana bejna bilind, ç'evê belek

Les sourcils, les cils

Çev-birîê min têda helyane

Ma tante mourra, il reste à peine ma silhouette

Meta min bimre, tenê forma min têda maye

Ay, ay, destin, *ay, ay,* destin,

Ay, ay, felek, ay, ay, felek

Destin maudit, pourquoi t'es-tu comporté ainsi envers nous ?

Felekê malneşewitîê, te çira li me wa kir

Tu as arraché un arbuste odorant

Teê tûmê hewşanê li me rakir

Pourquoi as-tu emporté la tente des jeunes, entre toutes les tentes proches ?

Teê çira konê van cahila nava konê komê barkir

Ay, pourquoi les as-tu envoyés dans le grand cimetière ?

Ay, te çira berê wan da goristanî giran

Le grand cimetière est amer, mais j'y trouve une saveur douce

Goristanî giran şore, têda lê şakir

Ay, terre, *wey,* planète terre

Ay, dinyaye, wey, dinyaye

La terre est telle un foyer

Dinyaye xanimane

Ses habitants sont des voyageurs

Bendê têda bazirgane

---

1   Hasmig fait ici référence à la sœur de Cemile qui est morte jeune. Cemile, qui est dans la pièce, pleure à l'écoute de ces paroles. Frida est morte célibataire.

Le blessé dit : « Les hommes vivent là quelques années   *Dêranê divê : e'vdê serreş çend sala têda didebire*

Cette terre ne restera à personne   *Eva dinya t'u qûl-bendara namîne*

La terre est comme un hôtel, un grand hôtel »   *Dinya heye, xanek, xanek tijî*

j'ai dit : « Aujourd'hui c'est au tour de certains de mourir, demain ce sera le tour d'autres »   *Go îro dora wane, sivê diçe dora hineke dinê jî*

Il n'y a pas de terre pour Îsa Nûranîra   *Dinya nema Îsa Nûranîra*

Il n'y a pas de terre pour l'ange Aqûb   *Dinya nema Aqûb pêxemberra*

Il n'y a pas de terre pour les gens   *Dinya nema bedî ademara*

Il n'y a pas de terre pour notre oncle Mame   *Dinya nema Mamê kalkê mera*

Tout n'est que mensonge, que mensonge, que mensonge   *Tev derewe, tev derewe, tev derewe*

La mort est comme les endroits où la neige a fondu   *Mirin belekîê berfanin*

J'ai dit : « Malheureuse mère, ils fondent et montent au sommet de la montagne ».   *Go dêranê daê, dihelin, xwe didine qûntaxê ç'yane.*

Şûşîk Cemal (**Fig.** 11) a une soixantaine d'années. Elle est née au village de Rya Taze (qui s'appelait à l'époque Gundesaz) dans la région d'Aparan, elle s'y est mariée et y vit jusqu'à présent. Elle a perdu un frère, une fille et, il y a deux ans, son mari. Depuis, elle passe l'hiver chez ses fils à Moscou. Ces six mois dans la « ville maudite » sont un exil douloureux loin des siens (**doc. 56**).

Ax, li minê, ax, li minê   *Ax, li minê, ax, li minê*

Maîtresse de maison de soixante-quatorze ans   *Bê kevanya heftêçar salî*

D'une maison hospitalière, nombreux étaient les visiteurs qui allaient et venaient   *Mala ber-mêvana, hatin-çûyînê bûye*

Dieu est témoin, demandez aux voisins, quel foyer nous étions   *Xwedêva eyanê der-cînara bipirsin çi mal hûye*

---

1   Hasmig fait ici référence à la mort de la mère de Cemile, en 2000. À cette époque, Cemile faisait partie de la guérilla kurde de PKK et se trouvait en Irak. Elle n'a pas pu assister aux funérailles de sa mère. Depuis, ce thème est souvent rappelé lors de funérailles, ou même dans les conversations quotidiennes. Cemile dit avoir un chagrin qui ne s'assouvit pas.

FIG. 11 – Şûşîk [Photo de l'auteur, août 2007].

Quand les invités reviennent chez moi	*Wextekê der-mêvane min vedigerin berbi mal tên*
Ils disent, une maison sans maître de maison, sans maîtresse de maison	*Divên mala bê malxuêye, bê kevanî*
Ils se retournent et s'en vont d'où ils venaient	*Rabin berê xwe diguhêzin, careke dinê poşman vedigerin*
Ax, li minê, ax, li minê, ax, li minê	*Ax, li minê, ax, li minê, ax, li minê*
Comment vivre avec ce chagrin, avec ce chagrin ?	*Ezê çawa bikim xwe vê kulê, vê kulê*
Le maître de maison s'approche et dit : « Qu'as-tu, malheureuse à errer de ci de là ? »	*Malxuê min tê, divê porkurê çira der-dora digerî*
Il dit : « Tout a été acquis par mes mains et tes mains »	*Divê axir eva temam emekê destê min û teye*
Il dit : « Ne pars pas, ne pars pas, ne pars pas, tu le regretteras »	*Divê were neçe, were neçe, were neçe, tê poşman bivî*
Ah, il dit : « Malheureux, quand tu es sorti de ma maison ? »	*Ax, divê malxiravo, wexta tu mala min derketî*
Quoi que tu fasses, le passé ne revient pas	*Dikim-nakim dema çûyî îdî naê*
Malheureux, malheureux	*Malxiravo, malwêrano*
Ah, le vent souffle, il pleut	*Ax, ba tê, baran dilîlîne*
Je dis : « Mes malheureuses filles pleurent âprement »	*Ez divêm gelî qîzê mine porkurno*
Allez chez votre frère apporter de l'aide et appelez le médecin	*Were xwe birê xwera bigihîne, he'kîm bîne*
Ah, elles disent : « Maman, la thérapie est illusoire	*Ax, divê daê doxtirî derewîne*
Elle trompera le maître de ta maison, Ton foyer sera détruit »	*Wê serê malxuê mala te dixapîne Mala teê ji hev betalbe*
Ah, je dis : « Frère, père »	*Ax, divêm birê min bîo, bavê min bîo*
Nous avons perdu notre raison, notre foyer	*Me hişê xwe unda kir, mala xwe unda kir*
Je dédie une lamentation à mon gendre	*Ezê yekê bavême ser ze'vê xweda*
Ah, mon frère, il dit : « Tôt le matin »	*Ax, birê mibîo divê siveye*
Il dit : « La terre et le ciel s'exclament »	*Divê daê e'rd-e'zmana kirye gazî*
Il dit : « Quand le tremblement de terre a eu lieu	*Divê wexta e'rd hejyaye*
L'obscurité s'est ainsi faite à mes yeux »	*Usa ber çevê min bûye mij-dûmane*
Et ainsi je n'ai vu personne	*Me kir, nekir kes qe nedî*
Mon père, mon cher gendre	*Bavê mibîo, ze'vê minî delal*

Je dédie une lamentation à ma chère Toksîn	*Ezê yekê bavêjim ser Toksîna xweye delal*
Elle était la mère de sept filles,	*Wekî dayka hevt qîza bûye*
Elle-même était ma première fille	*Xwexwe jî serî pêşdanîbye*
Ah, mon frère, ma chère	*Ax, birê minê, delala dilê minê*
Ne t'en va pas, je ne sais rien de toi	*Were neçe, haj ji te tuneme*
J'ai entendu une nouvelle enchagrinée	*Were hewarekî min daketye*
La neige et la pluie ont fermé ma porte	*Usa berfe, baranê derî-bacîê min girtye*
Ah, mon cœur, ma chère	*Ax, tu delala dilê min bibyê*
Aujourd'hui un chagrin terrible est arrivé	*Îro e'cêbeke reş bûye*
Il semble qu'ils aient frappé avec un verre sur la tête	*Qe nizam daê îstegene nav çevada*
Il semble qu'ils aient presque tué dans la maison	*Qe nizam xwe malêda nekuştine*
Ma chère est ainsi partie pour rien	*Delala dilê min, badilhewa xwera çûye*
Mère de sept filles	*Dayka hevt qîzaye*
Ah, j'ai dit : « Bêrîvan, Bêrîvan »	*Ax, min go bêrîvanê*
Ma Bêrîvan, depuis quelques années déjà ne me rend plus visite à la maison	*Were bêrîvana min îdî çendik-çend sale naê malê*
Îşxan je te conjure ainsi que ton seul fils	*Îşxan, bextê te û taê t'enême*
Prends ma Bêrîvan par la main et ramène-la à la maison	*Were destê bêrîvana min bigre bîne malê*
Ma Bêrîvan dit : « Ni casserole, ni marmite,	*Bêrîvana min divê ne sîtile, ne beroşe*
Je ne reviendrai jamais à la maison »	*Ezê tucar berê xwe nedime malê*
Îşxan, je serai ton sacrifice	*Bê Îşxan qurbana teme*
Prends ma Bêrîvan par la main et ramène-la à la maison	*Were destê bêrîvana min bigre bîne malê*
Ah, j'ai dit : « Le malheur apporte le malheur »	*Ax mi go ç'ya gote ç'ya*
J'ai dit au gardien de la prairie	*Ezê temîkê bikim qorixçya*
Le père de Perîşan, la mère de Xezal se décomposent dans la tombe	*Divê bavê Perîşanê, dayka Xezalê axê gorada dih'elya*
Ma chère, je suis telle une grue qui a annoncé son chagrin	*Ax, birê mibîo, ezê qulingim halê dilê xwera diqîryam*
Je suis allée dans la région d'Aparan, de Léninakan	*Ezê ketime welatê Ax'baranê, Lênînakanê digeryam*
Personne ne m'a rien dit de clair	*Neke, neke kesî salix-solixê min neda*

C'est avec un cœur détruit que je suis rentrée	*Ezê carekê dinê poşman dilê kul dageryam*
Ay, destin, tu m'as trompée	*Ay, felekê, te li min barkir*
Pauvre et malheureuse sans père et sans mère, pourquoi, destin, as-tu agi comme cela envers moi ?	*Malxiravê, ax, bêbextê, feleka dê-bavê, te çira usa serê min kir*
Le destin répond : « Je n'ai pas agi ainsi envers toi	*Felek divê min usa serê te nekirye*
Tu as perdu la raison	*Te h'işê xwe unda kirye*
Tu as toi-même détruit ton foyer »	*Te xwexwe mala xwe bela kirye*
Ay, destin malheureux	*Ay, felekê, bêbextê*
Et que puis-je dire, ne pas dire	*Ez îdî çi bêjim, çi nevêjim*
Je vais dire une chose et tu diras son contraire	*De were, were yeke mine, yeke teye*
Que je sois ton sacrifice	*Ez qurbana teme*
Je dirai fraternellement à mon frère	*Ezê bêjim birao bi biratî*
Que je sois votre sacrifice	*Ez qurbana weme*
Ils m'ont laissée seule dans ce pays	*Ez tenê hîştime vî welatî*
Je ne sais pourquoi je suis restée seule, il ne me reste plus de frère	*Nizam çira usa dûrî zara bêxwey mame*
Ah mes pauvres frères.	*Ax, bêbextno, wey birano.*

Altûn, Hbo, Hasmig et Şûşîk suggèrent une explication sur l'origine de leur besoin de se lamenter. Si le destin maudit ne les avait pas frappées, elles n'iraient pas dans toutes les funérailles du village. Pour elles, c'est la peine qui brûle leur cœur et les pousse à se lamenter[1].

Cependant, en y regardant de plus près, on s'aperçoit que d'autres facteurs ont joué dans l'adoption de ce rôle. Ces femmes sont toutes mères et grand-mères. L'âge est un facteur important : personne n'a jamais vu une jeune femme prendre le rôle d'une « endeuillée éternelle ». Ce n'est que vers la quarantaine que les femmes commencent à prendre régulièrement la parole dans les funérailles[2].

---

1   Pour une comparaison sur les parcours de lamentatrices kurdes et arméniennes de Turquie voir Bilal et Amy de la Bretèque (2013). Pour une comparaison avec les Kurdes de Turquie voir Amy de la Bretèque 2004, et avec les Azéris d'Azerbaïdjan voir Amy de la Bretèque 2002.

2   Il en est de même dans diverses régions du monde : chez les Dogons (Calame-Griaule 1990 : 77-87), en Karélie (Tolbert 1990 :41-56), en Turquie (Reinhard 1990 : 101-113).

En voici quelques raisons, évoquées par Altûn, Hbo, Hasmig et Şûşîk lors de conversations quotidiennes autour d'un café :

1. Les jeunes femmes donnent encore la vie : comment alors rester endeuillées ? À cet âge-là, la proximité répétée de la mort peut s'avérer dangereuse.

2. Les jeunes mariées suivent la règle du *bukî* (mot formé à partir de *buk*, la bru) jusqu'à la naissance du premier enfant. Nous verrons que celle-ci leur interdit de parler en présence des hommes et des femmes plus âgés du foyer de leur mari. À la naissance d'un fils, cette règle s'estompe petit à petit. Sans parole aucune à leur mariage, les femmes, en devenant mères, deviennent des locutrices potentielles.

3. En devenant mères, les femmes disent expérimenter la souffrance en leur corps et être plus à même de ressentir la douleur de la mort.

4. Aux deux bouts de la vie, les hommes s'en remettent aux femmes. Ce sont elles qui assistent les malades et procèdent aux accouchements (après avoir elles-mêmes enfanté), se familiarisant quotidiennement avec la douleur.

5. Lors du mariage, le père de la mariée dit au père du marié : « Je donne ma fille en sacrifice pour ton fils ». C'est en sacrifiées que les femmes deviennent mères. Elles sont alors les meilleures interlocutrices pour le défunt, celles qui peuvent au mieux l'accompagner dans les premières heures de sa vie dans l'au-delà.

Outre le facteur d'âge, ces femmes se rallient très souvent à une « tradition familiale » : pour Şûşîk, comme pour Hasmig, des femmes de leur famille, à la génération précédente, chantaient déjà au cours des funérailles. Quant à Hbo, ce serait une volonté divine, révélée par le biais d'un *hurî* (être surnaturel). Endeuillées éternelles, c'est dans leur « cœur brûlant » qu'Altûn, Hbo, Hasmik et Sûsîk trouvent la force et l'inspiration pour énoncer leurs « paroles sur ».

« FABRICANTS D'ÉMOTIONS » :
LE TRIO DE SPÉCIALISTES

Les spécialistes jouent lorsqu'ils sont payés. Invités par un appel téléphonique, ils se déplacent parfois loin, dans des familles qu'ils ne connaissent pas ou peu. Ils sont en trio (originaires du même village ou d'une même région) : un chanteur et deux joueurs de *duduk* (chacun ayant un rôle invariable : bourdon ou ligne mélodique) (**Fig.** 12). Le chanteur, en chef du trio, établit le contact avec la famille endeuillée. C'est à lui que l'argent sera donné après la mise en terre. Le chanteur partage ensuite avec les joueurs de *duduk*. La plus petite somme revient au musicien qui tient le bourdon, celui qui joue la ligne mélodique prend une part un peu plus grande ; quant au chanteur, il garde le montant le plus important.

Il n'est pas rare que le chanteur ne connaisse pas du tout le défunt (ni la famille) pour lequel il va devoir chanter. Au moment de l'invitation téléphonique, le chanteur demande donc les renseignements indispensables à l'élaboration de son oraison : nom du défunt, situation familiale, situation professionnelle et économique, conditions du décès, nom des parents proches, autres personnes décédées dans la famille… Certains chanteurs écrivent ces renseignements sur un bout de papier qui les accompagnera dans les funérailles. Il suffit alors de jeter un coup d'œil sur le papier pour se souvenir que le frère du défunt s'appelle Ezo, qu'il habite à Krasnoiarsk, et qu'il n'avait pas vu son frère depuis deux ans. Le sujet de la prochaine énonciation se dessine ainsi. Outre les formules verbales générales, ces renseignements permettent de personnaliser l'énoncé et de l'adapter à la situation présente.

Il arrive que des spécialistes jouent pour des parents. Plus les personnes sont proches, moins grande sera la rémunération. Jouer gratuitement est théoriquement possible, lorsqu'il s'agit de la mort d'un frère, d'un père ou d'un autre parent proche. Cependant, en pratique, l'argent circule quand même : non seulement pour les deux membres du trio qui ne sont pas endeuillés, mais aussi parce que, aux dires de mes interlocuteurs, donner de l'argent aux musiciens spécialistes (y compris aux * şêx* et aux *pîr* qui viennent dire des prières, ou énoncer des « paroles sur ») rend l'acte plus efficace et permet au défunt d'effectuer un voyage plus

FIG. 12 – Trio de professionnels lors de funérailles
[Photo Nahro Zagros, septembre 2006].

serein vers l'autre monde. Le paiement est ici un acte d'échange, mais aussi un acte de séparation des vivants et des morts.

Les spécialistes ont souvent une autre source de revenus. Durant la période soviétique, tous avaient un travail au kolkhoze, à l'usine ou à la mairie. Aujourd'hui, le travail se fait rare dans les campagnes d'Arménie. Aussi chanter devient pour nombre d'entre eux la principale (ou la seule) source de revenus.

Dans les familles de musiciens spécialistes, il n'est pas rare qu'un fils reprenne le flambeau de la parole chantée. Ce n'est pas la règle non plus. Sefto a deux fils qui ont tous deux émigré vers la Russie où « ils font du business » (« *biznes* » *dikin*). Cette profession rapporte, d'après Sefto, beaucoup plus que son « métier » de chanteur. Il faut dire que Sefto fait partie de ces chanteurs qui ne se produisent que dans les enterrements, et parfois dans les fêtes des tombeaux. Il n'a pas de carrière discographique. Enregistrer un disque est en effet une manière d'être connu et reconnu comme chanteur, dans des occasions de peine et de joie. Les répertoires de la joie sont plus lucratifs et connaissent plus d'occasions (mariages et fêtes calendaires, mais aussi divers festivals, concerts, manifestations politiques…). Jono Temuryan ou Sos Qocaryan, par exemple, vendent des compilations mélangées de *rabiz* et disent des *kilamê ser* dans les funérailles. Ali, lui, a toujours compté sur son fils pour reprendre le flambeau[1]. Dès l'âge de huit ans, il l'emmenait dans les funérailles. D'abord pour écouter et observer, puis, petit à petit il lui faisait prendre part aux parties vocales, lui laissant chanter un petit couplet qu'ils avaient appris à l'avance ensemble à la maison. Dans les documents filmés en 2005 (**doc. 57 et 58**), lors de la mort de Jako à Tbilissi, le fils a onze ans et chante déjà. Les paroles sont simples et générales. Son énoncé, répété longuement au préalable, est repris plusieurs fois à l'identique (ce que ne ferait bien sûr pas Ali, en chanteur expérimenté).

Ay li mine	*Ay li mine*
Ay li mine	*Ay li mine*
Pourquoi suis-je venu	*Çira hatim*
En ce monde	*Li ve dine*

---

1   Ali est un chanteur très apprécié dans la région d'Aparan. La rumeur circule que les funérailles dans lesquelles il a dit des « paroles sur » ne s'effaceront pas des mémoires. (On peut entendre Ali dans les **doc. 59 et 60** lors des funérailles d'Ezo.).

Oy ils partent   *Ax le diçin*
En ce monde.   *Li ve dine.*

Aujourd'hui, Ali, son fils, et le reste de la famille ont émigré. Ils habitent en Europe de l'Ouest, et, dans la communauté yézidie grandissante, Ali pense que son fils pourra vivre de cette activité.

Cette logique de reprise d'une activité « professionnelle » familiale est tout à fait différente de celle des femmes qui se lamentent : les musiciens spécialistes n'ont pas « la peine en eux », ou en tout cas, ce n'est pas mis en avant. C'est d'ailleurs le reproche que, parfois, certaines femmes formulent à leur égard. Pour elles, sans « avoir la peine », impossible de sentir, comprendre et transmettre ce sentiment. Cette incompréhension semble parfois découler de la place que chacun veut prendre autour du cercueil. Lorsque le trio de spécialistes s'installe dans la pièce de veille du corps, certaines oratrices y voient une entrée dans leur espace, jusqu'alors féminin et basé sur le ressenti profond du sentiment de perte, d'exil, de peine… des sentiments en général définis comme étant plus particulièrement féminins. Dans cette logique d'espace partagé et de pouvoir de la parole, Eto souligne que, souvent, le trio de spécialistes coupe la parole aux femmes sans même attendre qu'elles aient fini leur énonciation.

> « Tu n'as pas fini de dire tes "paroles sur", mais, sans question aucune, le *duduk* ne t'attend pas, sa voix est forte, il commence quand il veut[1] ».

Et, effectivement, face à deux *duduk* et une voix puissante et travaillée, les voix des femmes deviennent vite inaudibles. Cependant, malgré ces commentaires critiques sur les spécialistes, tous (y compris les femmes au cœur brûlant) s'accordent pour dire que la présence d'un trio lors de funérailles rend ces dernières mémorables.

Les acteurs sonores du rituel ont ainsi un statut différent par rapport aux émotions lié à deux paramètres : le genre (homme ou femme) et le statut de spécialiste ou non-spécialiste. Les femmes expriment et transmettent des émotions qu'elles éprouvent intimement, tandis que les hommes suivent plutôt le paradigme de « fabricants d'émotion » décrit par Stoichiţă (2008) pour les musiciens professionnels tsiganes (*lăutari*) de Roumanie.

---

1   « *Te kilamê te xelas nekir, lê, pirsek tune, duduk ne pivia te ye, dengê wi girane, ew dest pê dikê, kengi dixwazî* », Eto, Tbilissi, septembre 2007.

« En tant qu'artisans, les *lăutari* sont au service de la communauté qui les emploie. Ils ne participent pas à la fête, ne s'expriment pas, et se contentent de fabriquer une musique efficace » (2008 : 63).

SINCÉRITÉ *VS* JUSTESSE

Les avis des hommes sur la question semblent assez unanimes : les femmes mélodisent ce qui leur vient à l'esprit alors que les spécialistes ont une connaissance et une maîtrise du verbe qui leur permettent de dire des lamentations « justes » (*rastin*).

Pour dire un *kilamê ser* « juste » (*rast*) il faut, de l'avis général (hommes et femmes) un choix de paroles adaptées : trouver les bons mots au bon moment. Les qualités vocales semblent, dans les appréciations, passer au second plan. Les commentaires sur Sefto et Ali sont révélateurs. Tous deux viennent de la région d'Aparan. Sefto a une voix forte, claire et il use de nombreux mélismes et ornementations. La technique d'Ali est moins virtuose et sa voix un peu moins puissante. Tous (ou presque), préfèrent cependant Ali : il choisit mieux ses mots. Cette qualité serait liée à une qualité humaine d'écoute, de bonté et de générosité. Sefto, lui, est dit avare et intéressé…

Les femmes clament, à travers le récit d'une souffrance vécue intimement, qu'elles disent des *kilamê ser* « sincères » (*bi namûs*[1]). Là encore, l'attention est portée sur les paroles prononcées.

Les acteurs sonores des funérailles sont représentatifs de deux modes de diffusion des émotions. Les femmes expriment une peine vécue, tandis que les hommes fabriquent cette peine dans leur énoncé. Dans les deux cas, l'énonciation est efficace : l'auditoire pleure. Ces deux manières de propager l'émotion sont néanmoins liées à des espaces différents. Pour les femmes, l'émotion est dans leur « cœur brûlant » : elle est d'abord intérieure avant de se propager. Pour les spécialistes, l'émotion est localisée à l'extérieur de leur corps (elle est dans l'action du joueur de *duduk* mais pas en lui). Les *kilamê ser* énoncés par les spécialistes peuvent être

---

1   *Namûs*, mot d'origine arabe signifie « honneur ». *Bi namûs*, littéralement « par honneur », est à traduire par « sincérité » ou « sincère ».

analysés en « agents autonomes » (Stoichiță 2011) : ils ont une agentivité propre, détachée des énonciateurs. Ces deux modèles de diffusion de l'émotion placent cette dernière dans une spatialité différente. Dans le premier cas, l'émotion passe d'un corps à un autre, tandis que dans le deuxième, elle est suspendue dans l'espace.

L'analyse de « paroles sur » d'hommes non-spécialistes (assez courantes lors du décès d'un homme) mêlent les oppositions et vont nous permettre de préciser les facteurs déterminants de ces deux paradigmes.

QUAND, POUR LA MORT DU FILS, LES HOMMES SE LAMENTENT

Les funérailles des hommes sont toujours beaucoup plus sonores que celles des femmes : plus de lamentations, plus de pleurs et de cris, plus de monde. À la différence des femmes qui se lamentent dans toutes les funérailles, les hommes non-spécialistes mélodisent leur parole en particulier pour les funérailles d'un homme[1]. Leur position intermédiaire entre « spécialistes » et « endeuillées » les place entre les deux paradigmes de diffusion des émotions défini précédemment.

Lorsque les femmes mélodisent leur parole, le contenu sémantique concerne le défunt et la communauté (le village, la famille). Elles parlent également des vivants, rappelant à chacun ses souffrances et réglant parfois des comptes. Les hommes ont des paroles souvent assez répétitives, plus générales et moins personnelles que les femmes. Leurs *kilamê ser* parlent du défunt, et décrivent de manière bien souvent stéréotypée ses qualités. Les phrases sont plus courtes, la mention des liens de parenté est préférée à celle des noms propres, il y a souvent peu de détails. Ceci, quel que soit le profil des hommes qui chantent (spécialistes qui ne connaîtraient pas la famille, spécialistes connaissant la famille ou membres de la famille non-spécialistes).

Les hommes non-spécialistes disent en général des « paroles sur » pour les « lions du clan », pour les « frères ». Ces *kilamê ser* ne sont

---

1   Dans une tradition patrilocale, le fils en particulier est la garantie de survie d'une lignée. Perrin (1996 :71) note les mêmes faits chez les Kazakhs et les Kirghizes.

pas seulement des paroles de circonstance, liées à une douleur vécue. Elles soulignent les traits d'une belle mort, d'une mort héroïque et s'apparentent déjà à un chant de héros (*kilamê ser mêranîê*). Elles sont faites pour perdurer et pour cela, elles sont pensées plus clairement dans un espace public, hors de l'énonciateur.

Les six exemples suivants sont des *kilamê ser* mélodisés par des hommes du clan (*ber*) des *masekî* lors des funérailles de Yûrîk. Ces hommes ont entre 50 et 60 ans. Ce ne sont pas des chanteurs spécialistes. L'un d'entre eux est un *şêx*, un autre est *pîr*, et les trois derniers sont des *mirîd*. Ils se sont approchés ensemble du cercueil ouvert, et ont mélodisé l'un après l'autre ces courtes lamentations. Les *şêx* et les *pîr* ont été rémunérés pour leur *kilamê ser*, mais pas les *mirîd*. Le **doc.** 40 montre les trois premières énonciations.

Şêx :

Heylo fils, nous couperons du bois frais	*Heylo lao, emê pê bizmalê hûr bikutin*
Pour que l'automne ne l'endommage pas	*Çi nîşanê nava payîzêda nerize*
Pour que les gouttes de pluie ne tombent pas sur les yeux noirs	*Ç'ev-birîê belek neniqite*
Frère, frère	*Birao, birao*
[Les hommes en chœur :] « Frère, frère »	*[Kom dibêje :] "Birao, birao"*
De lo li min, de lo li min, de lo li min, de lo li min, de lo li min	*De lo li min, de lo li min, de lo li min, de lo li min, de lo li min*
Mon cœur est avec celui du groupe	*Dilê minî yalî komê*
Heylo, fils, voilà déjà vingt jours que les chasseurs de la mort	*Heylo lao, neç'îrvanê, mêrê kulê eva serê bîst rojane*
Ont pris leurs armes, et marchent le long de la rivière	*Tivingê xwe hildane ketine dorî ç'ema*
Frère Wezîr, que tes yeux deviennent aveugles, mon cœur aurait voulu	*De bê Wezîr bira, ç'evê te korbe, de bira ç'evê te birije, dilê mi bixwesta*
Que le corps de ce héros soit enterré en palatin, frère	*Meytê vî şêrî danîne ser darebesta, birao*
[Les hommes en chœur :] « Frère, frère ».	*[Kom dibêje :] "Birao, birao".*

Pîr :

Le fil doré s'est déroulé jusqu'à nous	*Me daketye têla zere*
Le destin est avec un arc et des flèches autour de la tente	*Felekê tîr kevanê xwe hildaye dora koç'ê*

Que cherche-t-il autour du père de Yûrîk ?

Dora bavê Yûra çi digere

Qu'il prenne l'épée des mains de sa vieille mère et aille à sa rencontre

De bira şûrê destê pîra dayka xwe hilde here pêşîê

Mère, je t'en conjure

Bê inê, bextê teme

Yûra est jeune, il est en exil

Yûra li cihale, welatê xerîbdaye

Il est attendu

Ç'evê li rênga wîye

Prends son arc et ses flèches et va-t-en.

Bê tîr, kevanê xwe hilde, lêde here.

Şêx :

Lê lo li min, lê lo li min, heylo fiston

Lê lo li min, lê lo li min, heylo lao

Faites qu'à partir d'aujourd'hui Wezîr jure de ne plus aller à la montagne

Bira îro şûnda Wezîr sond bixwe, bê ezê neçme ç'ya

Après [la mort de] ce lion,

Ezê paşê vî şêrî

Je ne boirai plus de l'eau à la source ni de la neige fondue

Naxum avê kanya, berfa belekya

Heylo fiston, je n'ai pas pitié de la mort de ce lion

Heylo lao, heyfa minê naê mirina te şêrî

En cet automne, j'ai pitié

Heyfa minê vê payîzê tê, heyfe

D'enterrer ces yeux noirs

Emê çawa ç'ev-birîê belek bidne ber axê gora

Frère, frère

Birao, birao

[Les hommes en chœur :] « Frère, frère ».

[Kom dibêje :] "Birao, birao".

Un deuxième oncle paternel du défunt (*mirîd*) :

Ils disent : « La mère attend depuis longtemps »

Divên, ç'evê dayka zûda rêye

Ils disent : « Quelqu'un, en bas, vient »

Divên, yekî jêlva têye

J'irai à sa rencontre

Ezê lêxim herim va pêşîêye

Je le prendrai dans mes bras

Xwe bavêjme hemêzêye

Je dirai : « Mon cher

Ezê bêjim : lo lo cano

Je t'en supplie », je demande

Ezê bextê tedame, gelo

Je demande : « Comment vont mes enfants ? ».

Gelo halê zarê min çawabe.

Cousin du père du défunt (*mirîd*) :

Lo, frère, frère

Lo birao, lo birao

Je regarde les montagnes, elles bouillonnent	*Ezê ç'ya dinihêrim, wê bi kele*
J'ai dit : « Le destin est traître	*Mi go feleke xayîne*
Cet été, je suis tombé dans la maison du père de ma bien-aimée, tout tourne, *heylo* frère ».	*Vê havînê ketye xanmanê bavê delîlya min, dizvire, heylo lao*
J'ai dit : « Entre l'été et l'automne, le père et le fils ont été séparés, frère, frère »	*Mi go çawa serê meha havîn, payîzê ji hev kirye destê bav û kure, birao, birao*
[Les hommes en chœur :] « Frère, frère ».	*[Kom dibêje :] "Birao, birao".*

Homme du clan des *masekî*, sans parenté proche avec le défunt (*mirîd*) :

Le jour de la préparation approche	*Me tê rojê vê tivdîrê*
Tout s'est mélangé pour les membres de ce clan	*Levdixe hîmê komê vê mayînê*
Le dos du clan s'est brisé	*Îro çawa şikênandye pişta komê*
Non, *wallah*, le dos de ce clan s'est brisé, frère, frère	*Na, welle, şikênandye qam-qidûmê çokê vê qebîlê, birao, birao*
[Les hommes en chœur :] « Frère, frère ».	*[Kom dibêje :] "Birao, birao".*

Ces *kilamê ser* ont été énoncés au pied du cercueil de Yûrîk. Les énonciateurs étaient tournés vers le cercueil ouvert. Des larmes coulaient sur leurs joues.

S'ils n'osent pas se déclarer « au cœur brûlant », une attitude bien trop féminine, certains hommes, en particulier lors de morts violentes et inattendues, adoptent un vocabulaire et des attitudes corporelles qui les rapprochent des femmes. Ils s'assoient avec les femmes, pleurant à chaudes larmes (comme dans le **doc. 59**) et intercalant parfois des *kilamê ser* entre ceux des voix féminines[1]. Dans ce cas, les hommes se rapprochent du mode de diffusion des émotions des femmes, exprimant une douleur vécue intrinsèquement. Mais en même temps, leurs paroles évoquent déjà les chants de héros.

---

1   Ces attitudes peuvent être observées dans les documents vidéos de l'enterrement d'Ezo et de Kerem.

L'EXIL : UN DEUIL PARTAGÉ

Dans les conversations des Yézidis d'Arménie, les mots *xerîb, xerîbîe* et *xerîbîstan* (différentes variations de l'exil / l'étranger / la terre étrangère) se retrouvent quotidiennement. *Xerîb* est un mot d'origine arabe (*garib*) qui est présent, notamment dans les poésies et les chansons, dans de nombreuses langues du Proche et du Moyen-Orient. Ce mot, d'usage poétique en arabe classique et contemporain, a le sens d'étranger, au sens propre et figuré (étranger dans un pays ou étranger dans sa pensée). D'autres sens existent en arabe, notamment bizarre, curieux, insolite, rare (littéraire)[1]...

En kurde, le mot *xerîb* a une palette de sens très étendue, il peut signifier l'exil, le fait d'être hors de chez soi, hors de son foyer, l'étrange, l'étranger, l'ennemi ou même la nostalgie profonde[2]. Dans la communauté yézidie d'Arménie, la notion d'exil englobe des états divers, tels l'exil économique vers l'ex-URSS et la mémoire d'un exil originel d'Anatolie, mais aussi la mort et la situation des femmes mariées. Vécu au quotidien de façon personnelle ou collective, littérale ou métaphorique, le sentiment d'exil est toujours lié à un état émotionnel particulier : la douleur de la perte.

LES TROIS EXILS

L'EXIL DE LA COMMUNAUTÉ

Depuis la fin de l'URSS, les Yézidis ont massivement émigré, notamment vers la Russie et l'Allemagne. La raison évoquée par mes

---

1   Lorsqu'il est associé à d'autres mots, il peut signifier excentrique, original, loufoque (Reig 1983).
2   En kurde, le mot *xerîb* peut être remplacé par *xurbet* (en turc : *gurbet*, de la même racine arabe – *grb* – que *xerîb*), autre mot pour l'exil. Très usité par les Kurdes de Turquie, les Yézidis d'Arménie préfèrent le terme *xerîb*.

interlocuteurs est la crise économique qui a frappé l'Arménie depuis lors. Fréquemment mentionnés dans la parole mélodisée, les lieux d'exil sont le plus souvent flanqués d'un qualificatif tel « maudit », « traître » ou « noir ». Pour désigner la capitale russe (ville pour laquelle de nombreux villageois ont quitté leur foyer), l'expression « Moscou la maudite » est ainsi beaucoup plus fréquente que le seul mot « Moscou ».

Oh, exilé, depuis sept ans je ne t'ai pas vu, pas entendu,	*Wey xerîbo, hevt sala min nedîto, nebînao,*
Mon cœur, que les routes de Russie soient maudites,	*Min dît delalê dîlê min, rya Ûrisêta şewitî de'vî-de'vî,*
Je me sacrifierai pour toi, la maudite Moscou apporte le malheur.	*Qurbana canya teme, Moskva şewitî wêran bêdabetî.*[1]

Les éléments de la topographie sont ainsi souvent personnalisés : la ville est traître (*xayin*), les sources d'eau fraîche sont amies (*heval, dost*). Le terme *xerîb* peut, dans certains contextes, être traduit non seulement par exil, mais aussi par ennemi. La phrase « *Bajar xerîb ê* » a ainsi un double sens : « la ville est exil » et « la ville est ennemie ».

Très largement évoqué dans les *kilamê ser*, le lieu (les lacs, les sources, le *zozan*, le village, la ville) renvoie toujours à un rapport émotionnel à l'espace : il est exil ou non-exil, traître ou ami[2]. Il arrive encore qu'il combine les deux pôles émotionnels. C'est le cas du *zozan* (pâturages). La transhumance est vécue comme un départ pour l'exil (le *zozan* est donc traître et étranger). Mais le *zozan* est également un espace que les Yézidis associent avec la vie d'antan, assorti d'une teinte de romantisme nostalgique (le *zozan* est alors lieu familier et ami).

L'exil est aussi la mémoire de l'arrivée dans le Caucase en 1828-1829 et 1915-1916. La vague la plus récente est aussi la plus présente dans les mémoires et dans les *kilamê ser*. Cet exil initial d'Anatolie prend, dans la

---

1   Extrait d'une parole mélodisée lors des funérailles de Razmig, septembre 2006.
2   Dans les lamentations des femmes kurdes de Turquie réfugiées à Istanbul ou Diyarbakir, la nature est un élément central. La différence fondamentale est cependant que, dans le cas de populations déplacées, cette nature n'est souvent plus qu'un souvenir, et tend à être parfois grandement imaginée. La nature, décrite à la fois comme protectrice et menaçante, sert à construire l'image de l'exil. Elle est également souvent protectrice des enfants ou des proches qui ont pris le maquis. Elle se confond alors dans le discours de l'exil avec la terre natale perdue. En ce sens, la nature est, dans les lamentations des femmes kurdes réfugiées, un moyen de construire l'image de l'exil, en opposant notamment l'avant et l'après (Amy de la Bretèque 2004).

plupart des cas, Kars comme ville d' « origine ». Si les Yézidis de Transcaucasie sont originaires dans leur grande majorité de la région de Gaziantep, leur déplacement s'est souvent déroulé en deux étapes (d'abord vers Kars ou Van), et seule la deuxième migration est présente dans les *kilamê ser*.

Les Yézidis de la région de Talin évoquent plus fréquemment l'exil d'Anatolie dans les conversations quotidiennes et les *kilamê ser* que ceux des autres régions, probablement en raison de leur cohabitation avec les Sassountsi[1]. Ces derniers sont connus pour entretenir une vive nostalgie pour leurs villages d'origine dans la région de Sassoun (actuelle Turquie). Dans ces villages proches de la frontière, les montagnes de Turquie sont omniprésentes dans le paysage quotidien. Visibles mais inaccessibles, ces terres situées de l'autre côté de la frontière sont un rappel constant d'un espace aujourd'hui hors d'accès[2].

Des années ont passé, des années ont passé	*Sal çûn, sal çûn, sal çûn*
Ce n'est pas possible pour les mères de fils, pour les sœurs de frères	*Daykê xorta usa nave, xûşkê bira usa nave*
La main de mon frère est tombée…	*Destê birê min ketye…*
Hey lê waê, hey lê waê, hey lê waê	*Hey lê waê, hey lê waê, hey lê waê*
Ah, orphelin, ne marche pas dans les montagnes, il y fait froid…	*Ax, bêbavo, neçe ç'ya, ç'yaye sarin…*
Hey lê waê, viens prendre ta sœur par la main	*Hey lê waê, de were destê xûşka xwe bigre*
Allons ensemble à Kars	*Bê were em tevayî herin hetanî Qersêye*
Nous demanderons à *Dewrêşê Erd*[3]	*Emê pirsyarekê bikin ji Dewrêşê Erdêye*
Nous dirons : « Comment va mon fils ? ».[4]	*Emê bêjin gelo h'alê kurê min têda çîye.*

La mémoire d'un exil d'Anatolie est partagée avec les Arméniens. Survivants du génocide de 1915, une grande partie des Arméniens d'Arménie sont originaires d'Anatolie[5]. Chaque année, le 24 avril, date

---

1 Arméniens originaires de Sassoun (Anatolie orientale, aujourd'hui dans le district de Batman).

2 Aujourd'hui assez ancienne, la mémoire de l'Anatolie est présente surtout dans les « paroles sur le héros » (*kilamê ser mêranîê*).

3 Dans la religion yézidie, *Dewrêşê Erd* est le protecteur de l'âme des défunts.

4 Extrait d'une parole mélodisée lors des funérailles de Razmig, septembre 2006.

5 Sur le génocide arménien voir notamment : Akçam (2004), Hovannisian (1992), Kevorkian (2006), Mouradian (2002).

anniversaire de l'arrestation de l'intelligentsia *arménienne* de Constantinople (événement symbolisant le début du génocide), l'Arménie est en deuil (**Fig. 13**). Ce jour-là, tout Érévan se rend près du monument commémorant le génocide pour déposer une fleur près de la flamme éternelle. Une longue et lente file se constitue sous la pluie (qui semble ne jamais rater le rendez-vous) jusqu'à l'entrée du monument qui représente les cinq parties dispersées et perdues de l'Arménie telles des pierres tombales bancales. Au centre, la flamme. Des bus venant de villages plus ou moins éloignés de la capitale attendent entre les *marchroutka* (minibus) de la ville, gratuits pour l'occasion. Les Yézidis se joignent aux Arméniens dans les cérémonies de commémoration.

En arménien, le terme diaspora (*spiurk*) n'existe que depuis les années 1920, mais l'importance de l'exil ne date pas du génocide (Ter Minassian 1997 : 26-27). *Xopan*, terme arménien pour exilé ou émigré, est une image constitutive de l'arménité, et ce au moins depuis le XIXᵉ siècle où exode rural et émigration forcée vident les villages arméniens. Le « *Xopan* » est celui qui part chercher une vie meilleure ailleurs : il part gagner de l'argent, dans l'idée de rentrer riche au pays. Mais le retour n'est qu'un futur imaginaire qui n'arrive pratiquement jamais. Cette tradition d'exil est illustrée dans la littérature arménienne par un genre dénommé « complainte d'exil », qui daterait au moins du XIᵉ siècle. Dans ces complaintes, les termes employés pour qualifier l'exil sont nombreux. On peut relever le mot *xarib* (version arménienne de *xerîb/ garib*) et l'image de la grue (*grounk*[1]) comme métaphore de l'exilée[2]. Robert Arnot, dans son introduction au livre *Armenian Literature* publié en 1904, soulignait l'importance du thème de l'exil et du pathétique au sein de la littérature arménienne[3]. Les Arméniens ont une tradition d'écriture ancienne qui permet à un chercheur contemporain de retracer l'histoire du sentiment d'exil. Les Yézidis, au contraire, ont adopté, dans un souci de démarcation par rapport aux « gens du Livre » (musulmans

1   En kurde : *quling*. Terme présent également dans les *kilamê ser* (*cf* notamment **doc. 30**).
2   La figure de la grue en relation avec le voyage et l'exil se retrouve à une échelle plus large. En Asie mineure, Arnaud-Demir (2002) en a souligné l'importance chez les Alévis.
3   On trouve de nombreux chants d'exil ou complaintes d'exil dans des recueils de chants, légendes et textes arméniens. Voir par exemple Boyajian (1916 : 1), Blackwell (1896 : 35-37, 98). L'un des chants d'exil arméniens les plus populaires du XIXᵉ siècle, *Grounk* (la grue), a donné son nom à un mouvement politique irrédentiste en Géorgie et à une liste de diffusion sur le net.

FIG. 13 – Le 24 avril, commémoration du génocide arménien
(Érévan). [Photo de l'auteur, avril 2006].

et chrétiens), un interdit d'écriture qui ne nous permet pas de remonter de façon certaine aussi loin dans le temps. Cependant, tout porte à croire que la place accordée à ce sentiment ne date pas des déplacements vers le Caucase. Les Yézidis s'insèrent en effet dans une culture régionale de la douleur et de l'exil qui est présente historiquement en Anatolie dans les communautés kurdophones, arménophones, grécophones et turcophones.

En tant que communauté, les Yézidis sont exilés de deux manières : ils sont exilés d'Anatolie (cet exil est collectif et lié à des persécutions) et ils s'exilent vers les métropoles russes et européennes (cet exil est individuel – ou familial – et économique). Ces deux exils se distinguent aisément ne serait-ce que par leur historicité : l'un est passé, l'autre est actuel. De plus, le village de Transcaucasie est, selon les situations, lieu d'exil (dans le cas de l'exil d'Anatolie), ou lieu de « non-exil » (dans le cas de l'exil vers les métropoles russes). Pourtant, bien que ces deux exils soient distincts, les Yézidis les mêlent fréquemment dans leurs *kilamê ser*. Dans l'univers suspendu et flottant créé par l'énonciation mélodisée, les références temporelles et spatiales n'ont plus la même valeur que dans le discours parlé : les époques et les lieux peuvent se rencontrer. Il est difficile de savoir qui dit « je », quel est le cadre temporel et spatial, et quel exil est évoqué.

L'EXIL DE LA MARIÉE

Durant les cérémonies de mariage, il est fréquent d'entendre la mère de la fiancée (ou une autre femme du foyer de la fiancée) énoncer un *kilamê ser* pour sa fille qui quitte le foyer paternel (*mal/ocax*)[1] afin d'aller vivre dans la maisonnée de la famille du mari (Rudenko 1982 :14). Le soir des noces, une « ronde lourde » (*govendê girane*) est dansée par la mariée, le marié et les participants au son du *zurna* et du *dohol*. Cette danse est lente et triste. Les visages sont graves, les mouvements des danseurs sont réduits et contrôlés et la fiancée pleure (voir **doc. 61 et 62**). Mes interlocuteurs m'ont souvent décrit cette expérience comme un

---

1   Chaque foyer abrite un maître de maison (*malxûê*) et sa femme (*kevanî*) ainsi que les fils mariés (avec leurs épouses et leurs enfants), et les filles célibataires. Lorsque la situation économique le permet, les fils construisent une maison près de la maison de leur père (ou ailleurs dans le village lorsqu'il n'y a pas d'espace près du toit paternel), à l'exception du plus jeune fils qui restera dans la maison paternelle (et en héritera à la mort des parents). Les filles quittent quant à elles la maison paternelle à leur mariage.

départ pour l'exil : dans leur nouveau foyer, les jeunes femmes disent vivre entourées d'étrangers, en exil (*xerîb/xerîbîstan*). Cet exil est sans retour : les femmes sont enterrées dans le lieu du lignage de leur mari.

Au cours de leur vie, les femmes sont souvent appelées « fille de (nom du père) », puis « mère de (nom du fils) » (Allison 1996 : 43). En se mariant, les femmes changent de foyer, mais leur appellation ne change que lorsqu'elles donnent naissance à des fils : c'est alors que le changement effectif de lignage a lieu. Le rapprochement entre mariage et exil a également été relevé ailleurs au Moyen-Orient (Delaney 1991 : Amy de la Bretèque 2013). Dans les villages turcophones d'Anatolie, Delaney (1991 : 117) a noté que l'extérieur du village étant *gurbet* (exil), on dit qu'une jeune fille mariée hors du village vit en éternel *gurbet*. Exil est ici à interpréter au sens de « vivre hors du groupe (familial, villageois…) ». Chez les Yézidis, le rapprochement entre mariage et exil tient non seulement à la place qui est accordée à l'exil des femmes dans la parole mélodisée (notamment en contexte funèbre), mais aussi aux règles de comportement qui en découlent pour la bru. Celle-ci, en étrangère au foyer, doit suivre la règle du *buktî* (mot formé à partir de *buk*, la bru) jusqu'à la naissance du premier enfant, ou parfois même du deuxième.

La règle est surtout constituée d'interdits à la fois dans l'espace villageois et familial.

1. Interdiction de retourner voir sa famille pendant une période qui varie d'un à trois mois.
2. Interdiction de sortir seule de la maison (et parfois d'aller chercher de l'eau au puits). Trop sortir de chez soi déclenche immédiatement les commérages des autres[1].
3. À l'intérieur de la maisonnée, la bru n'a pas le droit de manger devant les personnes plus âgées qu'elle.
4. Elle n'a pas non plus le droit d'adresser la parole aux personnes du lignage de son mari qui sont plus âgées qu'elle, en particulier aux beaux-parents et aux hommes, en signe de respect.

---

1   Au village d'Alagyaz, seules les femmes *apoci* (guérilleros du PKK) et Cemile (l'infirmière du village) échappent à cette règle, c'est-à-dire des femmes de plus de trente ans non mariées. Les habitants du village disent de Cemile qu'elle est comme un homme : elle a fait des études, elle n'est pas mariée, elle n'a pas d'enfant et elle a fait la guerre (dans les rangs du PKK).

Elle doit autant que possible éviter d'être dans la même pièce qu'eux, en particulier avec le père et le grand frère. La bru ne peut donc parler qu'à son mari, aux sœurs cadettes du mari et aux enfants. Elle ne s'adresse aux autres membres de sa belle famille que par gestes ou par l'intermédiaire d'autres membres de la famille. Ce n'est qu'en devenant mère qu'elle pourra commencer à parler (à voix basse) avec certaines personnes. Le beau-père est celui auquel elle adressera la parole en dernier.

Ce statut de bru, étrangère dans un nouveau foyer, est effacé au fil des années par la naissance de fils, puis de petits-enfants. Le carcan s'estompe et la parole peut être assumée publiquement. Les femmes qui disent des « paroles sur » ne sont pas les jeunes brus. Elles ne suivent plus la règle du *bukî*. Elles ont souvent des brus (les femmes de leurs fils) qui vivent sous le même toit qu'elles. Dans les rares cas où j'ai pu observer des femmes plus jeunes énoncer des *kilamê ser*, les commentaires des femmes âgées oscillaient entre « quel chagrin » et « quel toupet ». Pour une jeune femme, mélodiser publiquement la parole est une violation du *bukî*. Le droit de parole est avant tout réservé aux femmes âgées[1].

Lors des enterrements, les *kilamê ser* évoquent fréquemment cet exil féminin. Par exemple, quand le chef du foyer meurt, ses belles-filles peuvent chanter :

Le père de mon foyer nous a laissées, je suis à nouveau étrangère, je suis en exil.	*Bavê mala me çû ber rehma Xwedê, ez dîsa xerîb im, li xerîbistanê me.*

Dans les paroles mélodisées, les femmes rappellent le statut d'étrangères des brus qui se sont installées dans leur foyer paternel. Pour leur plus grand dépit, ces étrangères se sentent chez elles, en particulier après la mort du père, ou, pire encore, du frère. Dans sa parole mélodisée en août 2007 (**doc.** 54), Hbo narre sa peur de s'approcher du portail de la maison de son père et d'y rencontrer des étrangères (les femmes de ses frères). L'image de la femme exilée est celle de la vagabonde errante (« C'est une

---

1   Dans les villages, les filles sont mariées jeunes, en général vers quinze ou seize ans. Il est rare qu'elles suivent un cursus scolaire complet. L'école comporte douze classes. Les filles sont scolarisées jusqu'à la huitième classe (vers quatorze ou quinze ans), puis elles restent à la maison pour être préparées au mariage. Les garçons y vont jusqu'à la douzième classe (sauf ceux qui partent pour la transhumance, qui ne sont généralement pas scolarisés).

vagabonde, elles est venue, elle va partir »), tandis que les femmes des frères ont pris possession du foyer du père (« Elles ferment devant nos yeux les couvercles des casseroles »). Le départ des filles lors du mariage est de règle dans les sociétés patrilinéaires et patrilocales. Il est courant que le père et le fils d'une femme n'appartiennent pas au même lignage.

La spécificité se trouve ici dans l'assimilation entre cet exil et les deux autres types d'exil (celui du mort et celui de la communauté). L'exil de la mariée, permanent (la jeune femme quitte à jamais le foyer paternel) ou temporaire (la jeune fille, en engendrant un fils, stabilise sa position dans le nouveau foyer en garantissant la survie du lignage de son mari), est formulé en lien avec un sentiment d'exil plus large.

L'EXIL DU DÉFUNT

Le parallèle entre la mort et le voyage a été décrit dans de nombreuses traditions (Champault 1979, Ribeyrol 1979 :49, De Sike et Hutter 1979). Les Yézidis font également ce rapprochement : la mort est un départ vers un ailleurs lointain et inconnu[1]. L'image du chemin de l'exil que doit emprunter le défunt est fréquemment évoquée dans les « paroles sur le mort[2] ».

Oh, grue, grue aveugle	*Bê qulingo, qulingê vê berîê*
Demain le vent soufflera, là où par endroits la neige est restée	*Wê şevê baê xwê xwe bide belekîê*
Si des étrangers viennent poser des questions sur votre père	*Hergê xerîbîê çolê bên pirsa bavê we bikin*
Je dirai : « Préparez mon père, il part pour l'exil »[3].	*Bê karê bavê xwe bikin wê here xerîbîê.*

---

1   Rudenko a publié en 1973 un article intitulé « Курдские лирические песни "dilokê xerîbîyê" и их связь с погребальным обрядом » (« Les chansons lyriques kurdes *"dilokê xerîbîyê"* et leurs liens avec le rituel funèbre »). L'étude concerne avant tout des Yézidis d'Arménie (et non des Kurdes musulmans), mais il était à l'époque de règle de penser les Yézidis sous l'enseigne « Kurdes ». Par ailleurs, l'auteur parle de « *dilokê xerîbîyê* ». Le mot *dilok*, vient de *dil*, le cœur. Littéralement, il s'agit de « ce que nous dit le cœur sur l'exil ». Dans sa formulation en russe, l'auteur écrit cependant « chant lyrique sur l'exil ». Comme dans l'ensemble de la bibliographie, la distinction entre ce qui est pensé comme du chant et ce qui est pensé comme de la parole n'est pas soulignée.

2   Sur le lien entre mort et exil dans d'autres traditions funèbres, voir notamment Delaporte 2008 et De Sike et Hutter 1979.

3   Extrait d'une parole mélodisée lors des funérailles de Razmig, en septembre 2006.

Dans l'extrait précédent, la nièce du défunt, prenant la voix de la fille du défunt, dit : « Préparez mon père, il part pour l'exil ». L'autre monde est ici exil par opposition à notre monde (celui de la vie terrestre). Cependant, le monde dans lequel nous vivons connaît diverses formes d'exil qui peuvent, lors d'un décès, s'ajouter à l'exil qu'est la mort. Cette superposition d'exils est très fréquente dans les paroles mélodisées énoncées lors de la mort d'un villageois exilé hors de son village ou de la mort d'une femme sans fils.

Lorsqu'un villageois meurt en exil, tout est fait pour que son corps soit enterré dans le cimetière du village : la dépouille peut être ramenée de très loin (Sibérie, Allemagne). L'arrivée du corps est célébrée dans la parole mélodisée comme un retour d'exil, qui est cependant immédiatement suivi par un départ vers un nouvel exil.

Tu as assez pleuré, sœur, assez pleuré amèrement	*Go xûşkê bese tu bigrî, bikewgirî*
Regarde autour de toi, beaucoup sont comme toi	*Hela der-dorê xwe binihêre gelek hene*
La mort a aussi frappé notre maison	*Hela çerxa vê mirinê hatye dora me jî*
Wey lê lê lê, hey lê ma sœur orpheline	*Wey lê lê lê, hey lê xûşka mine bêbavê*
Père, père, tu es au loin, en pays étranger	*Bavo, bavo, xerîvo, rê dûro, bavo, bavo*
Notre père est rentré vivant de l'exil	*Bavê me saxe ji xerîbîê hatye*
Demain il retournera en exil	*Wê dîsa sivê berê xwe bide xerîbîê*
Il partira, et ne reviendra plus[1].	*Wê here îdî naê, naê.*

Lorsqu'une mère sans fils meurt, les lamentations parlent d'une double mort car elle ne laisse derrière elle aucun descendant qui permettrait au lignage de survivre – même si elle a beaucoup de filles (puisque toutes appartiennent au lignage de leur mari ou futur mari).

Notre mère n'a ni père, ni frère	*Ne bave, ne birangê dayka me h'elale*
Que Dieu protège ses trois filles, elle n'a pas de fils	*Dûrî serê hersê qîza warê wêyî reşe*
(…)	
J'attendrai à jamais ton retour d'exil	*Ç'evê minê rênga xerîbê teda maye*

---

1   Extrait d'un *kilamê ser* énoncé dans les funérailles de Razmig, en septembre 2006. On peut relever que la lamentatrice qui est une nièce du défunt prend, par ses paroles, la place de la sœur du défunt (qui était assise à ses côtés).

(…)

| Sœur Xazrat a hurlé : « Kulilk, fils, je suis étrangère, étrangère dans ce Cizire ». | *H'izret xaê kire gazî, go « Kulîlk lao, go ezê xerîbim, xerîba vê Cizîrê ».*[1] |

Dans les deux extraits précédents, la mort est un deuxième exil pour le défunt. Dans le cas du villageois dont le corps est rapatrié et enterré dans son village, la première situation d'exil est annulée (on célèbre, par le rapatriement du corps, le retour d'exil) avant le départ pour le nouvel exil. Dans le cas des femmes, la situation d'exilée n'est atténuée que par la naissance des fils. Sans descendance masculine, la mort est double : à l'exil de la mort s'ajoute celui de leur enterrement en terre étrangère dans le lignage de leur mari.

En même temps qu'elles permettent le passage du mort de l'« ici » (le foyer) à l'« ailleurs » (l'exil), les funérailles entraînent le retour des membres « exilés » de la communauté. (1) Les corps des défunts morts en exil sont rapatriés. (2) Les femmes mariées assistent aux funérailles des membres de leur foyer paternel. (3) Les parents exilés en Russie font leur possible pour rentrer au village. Ainsi les funérailles, exil des uns, sont le retour d'exil des autres. Le *kilamê ser* suivant illustre cet appel des exilés à rentrer au village pour les funérailles. Le ton est un peu héroïque : les deux défunts sont morts sur le front du Karabagh au début des années 90.

Traître destin, pourquoi as-tu fait cela ?	*Feleka xayîn, te çima wa kir*
Tu as détruit notre maison, éteint notre foyer	*Mala me xiravkir, ocaxê me korkir*
Le cœur de nos ennemis s'est réjoui, malveillant	*Dilê dijmina, neyara me şakir*
Ah, pourquoi Valod n'a-t-il pas attendu la fin de l'année, et pourquoi frère Ali a-t-il ravivé notre plaie ?	*Ax, de çawa Valodê bira sal temam nekir, E'lîê bira birîna me tezekir*
À nouveau le destin fatal a secoué la tête et menacé de la main	*Feleka xayîn careke dinê serî h'ejand, ç'eplê xwe me barkir*
J'ai dit : « Dépêchez-vous, frères, envoyez la mauvaise nouvelle en exil »	*De go gelî birano, bikin, bilezînin, caveke nebixêrîê xerîbîêra bişînin*
Dites aux malheureux Feyzo et Mîşa : « Venez vite ! »	*De bêjin Feyzo, malxiravo, Mîşa, ocaxkoro, nesekinin werin*

---

1   Extrait d'une parole mélodisée par un *şêx* lors de funérailles à Sipan en décembre 2005.

Que Lêyla, mariée depuis sept ans, prenne Tîtal par la main et rentre à la maison paternelle	*Hevt sal Lêyla destê Tîtalê bira bigrin ser mala bavê xweda poşman vegerin*
La famille de mon père était une famille d'hommes, une famille de lions	*Mala bavê min mala mêra bû, mala şêra bû*
Dieu, qui a vu, qui a entendu	*Hewara me navê Xwedê, kê dîtye, kê bînaye*
Comment en un an la famille s'est effondrée.	*De çawa nava serê salekêda hev belabû*[1].

Être *xerîb*, séparé des siens, est toujours exprimé en termes tragiques. La communauté se reconstruit autour des va et vient lors des mariages, mais surtout des funérailles. La fête des tombeaux (*roja mezela*) est aussi une date majeure dans le calendrier et tous font leur possible pour rendre visite aux tombes familiales ce jour-là. Les *kilamê ser* énoncés sur les tombes familiales lors de cette fête évoquent le retour d'exil des parents qui viennent rendre visite aux défunts. Dans cette configuration, ce sont les vivants qui sont exilés, tandis que le défunt attend, au village, leur retour d'exil.

LE SENTIMENT D'EXIL

LES REPRÉSENTATIONS DU FOYER

La maison, la maisonnée et le four

Le foyer peut être désigné par deux mots : *mal* et *ocax*. Tous deux indiquent la maisonnée au sens des membres qui y habitent ou qui constituent le foyer. *Mal* revêt en outre le sens de « maison » (les murs et le toit qui la constituent). Quant au mot *ocax*, il désigne aussi le four traditionnel creusé dans le sol des vieilles maisons villageoises (*xanî*) dans lequel le pain est cuit et sur lequel on peut réchauffer des plats.

Le mot *ocax* est défini par Egiazarov comme « synonyme de foyer » (1891 : 36). Dans son étude sur les traditions et coutumes des Kurdes

1 Extrait d'un *kilamê ser* enregistré pour la mort de Valode Misto et Sebrie Keleş décédés au Haut-Karabagh (**doc. 8**).

de la région d'Érévan, il rapporte des pratiques observées dans les villages yézidis marquant l'importance du four (*ocax*) dans le sentiment d'appartenance à un foyer. Il était par exemple courant, pour une jeune fiancée, de tourner plusieurs fois autour du four avant de quitter la maison paternelle en signe d'adieu à sa famille. De même, lorsqu'un nom était donné à un nouveau-né, on le faisait tourner autour du *ocax* en signe d'appartenance à ce foyer. Enfin, Aristova (1966 : 93) note qu' « un fils qui se sépare de la maison paternelle prend une branche en feu dans le *ocax* et l'emporte dans le sien ». Si ces pratiques semblent aujourd'hui avoir disparu, l'importance du *ocax* reste significative. L'expression « *kure ocax* » (le fils du *ocax*), utilisée pour un enfant dont son père est fier, en témoigne. À l'inverse, l'expression « *beocaxe* » (sans *ocax*) est une injure qualifiant les bâtards et les hommes sans honneur.

Un foyer fait de matelas étrangers

Chaque maison yézidie se doit d'avoir un *stêr*. Généralement installé dans la pièce de vie, disposé à l'Est, le *stêr* est une pile de matelas et de couvertures posée sur des pierres ou sur un sommier. Il est recouvert d'un tapis ou d'un drap qui est relevé la nuit. Ouvert du coucher du soleil au lever du soleil, le *stêr* « remplace le soleil en son absence[1] ». Les *şêx* et les *pîr* sont dans l'ensemble plus attentifs aux heures d'ouverture et de fermeture du *stêr* que les *mirîd* (**Fig. 14**).

Le *stêr* est très respecté. Il est à la fois une représentation visuelle du foyer et un protecteur des biens de celui-ci. Les Yézidis cachent en effet dans le *stêr* des objets précieux. Glissés entre deux matelas, ces objets seront à l'abri, car toute personne étrangère au foyer qui mettrait la main à l'intérieur du *stêr* (entre les matelas) risque de se faire couper le bras par le *stêr*. Par ailleurs, le *stêr* aurait aussi le pouvoir de rendre ces objets invisibles aux personnes étrangères au foyer.

Certains *stêr*, en particulier ceux des maisons de *şêx* et de *pîr*, sont des lieux de pèlerinage. Dédiés à un *hurî* (être invisible vivant dans une réalité parallèle) ou à l'un des sept anges, ces *stêr* ont alors une spécialité : protéger le bétail, soigner des maladies, etc. Les visiteurs embrassent le *stêr* puis posent leur front contre lui en demandant aide et protection

---

1   Entretien avec *şêx* Edit, Tbilissi 2007.

Fig. 14 – Stêr. En haut, *stêr* ouvert (village de Şamiram)
[Photo de l'auteur, septembre 2006] ; en bas, *stêr* fermé
(village de Çamuşvan) [Photo de l'auteur, août 2007].

au *stêr* et aux créatures qui y habitent. Les Yézidis attribuent au *stêr* le pouvoir de réaliser des vœux mais aussi de punir. Les règles à suivre en sa présence sont nombreuses. Il est par exemple impossible de déplacer le *stêr* sans effectuer de *qurban* (sacrifice animal) et sans demander l'avis du *şêx*. Dans le cas contraire, la vengeance du *stêr* peut être terrible. Tamara[1] m'a raconté l'histoire de sa grand-mère qui, jeune mariée, avait changé le *stêr* de place sans savoir que c'était interdit.

> « Le soir, elle vit deux anges discuter à son chevet : "On la tue ?" dit l'un. "Elle est jeune" répondit le second. La jeune mariée, effrayée, courut se réfugier entre ses beaux-parents en tremblant. Quand elle leur raconta ce qu'elle avait fait, ils firent un sacrifice en pleine nuit, en rechangeant la place du *stêr*. » (Tamara, décembre 2008)[2]

Tamara en est sûre : les anges auraient tué sa grand-mère si le *stêr* n'avait pas été remis en place avec un *qurban*. Mraz Cemal[3], lors d'une de nos conversations, a défini le *stêr* en ces termes : « C'est une représentation symbolique du foyer et des relations que chacun doit établir avec les autres ». Pour illustrer son propos, il a ajouté l'explication suivante :

> « Il est interdit de dormir sur les matelas du *stêr*, et de s'asseoir dessus. On ne peut s'asseoir sur un matelas qui n'est pas le sien, on ne s'assoit pas sur le matelas de son frère et de sa belle-sœur. C'est comme un contrat familial : tu te dois de respecter les membres de la maisonnée, y compris les pièces rapportées (exilés). On croit au *stêr*, on le respecte. Le *stêr* est l'honneur (*tchest'*/ *namûs*[4]) de la famille, on y met les portraits des défunts. Le Xûdâne Male habite dans le *stêr*. Le *stêr* est le Dieu familial[5] ».

---

1. Originaire de la plaine, Tamara vit à Hangavan dans la banlieue d'Érévan, avec ses beaux-parents et son mari qui l'a « enlevée » quand elle avait quatorze ans. Elle en a aujourd'hui trente, et n'a toujours pas d'enfants. Elle a rendu visite à tous les lignages de *şêx et de pîr* qui aident les femmes à tomber enceintes, sans succès pour le moment. Elle pense qu'une de ses belles-sœurs, jalouse de sa bonté et de sa gentillesse, lui a jeté un sort. Elle ne pourra tomber enceinte avant d'avoir contré ce sort.

2. *« Однажды, вечером, она видела два мэлэка, они спорились над её креватъ : "Убить её ?" сказал первый ангель. "Она всё таки молодая" ответил второй. Невеста, дрожаща от страха, побежала к родительям мужа, и всё рассказала. Они быстренко ночью совершили курбан и вернули стэр в своё место ».*

3. Mraz Cemal, poète et journaliste au journal *Rya Taze,* vit à Érévan. Il est originaire de Rya Taze (Gundesaz).

4. *Tchest'* (честь) en russe, et *namûs* en kurde signifient l'honneur, une qualité importante et longuement discutée pour chacun des villageois dès que l'occasion se présente.

5. *« Нельзя спать над матрасами стэра, нельзя садиться. Нельзя садиться над матрасом, который не твой, или садиться над матрасом брата и его жены. Это семейный контракт,*

Si le *stêr* est constitué d'autant de matelas qu'il y a de membres dans le foyer, personne ne peut pointer le doigt vers un matelas et dire : « C'est le mien ». Le *stêr* est pensé comme un tout. Les ajouts et retraits de matelas dans le *stêr* ne sont d'ailleurs pas toujours synchronisés avec les naissances et les décès. Les matelas qui entrent dans la composition du *stêr* sont en général des dons du * şêx* et du *pîr*. Ces derniers ont eux-mêmes reçu ces matelas en don. Il arrive parfois aussi, lors d'un jour faste, qu'un membre du foyer achète un matelas pour le mettre dans le *stêr*. En ce cas, il convoque le * şêx* (ou le *pîr*) afin qu'il énonce un *qewl* pour l'occasion. Enlever un matelas du *stêr* relève plus ou moins du même processus. Les membres du foyer peuvent donner un matelas en cadeau à leur *şêx* ou à leur *pîr*. Ces derniers offriront à leur tour ce matelas à un de leur *mirîd* qui l'inclura à son *stêr*. Il n'est pas rare non plus que la famille décide de brûler l'un des matelas lorsque ce dernier s'avère pourri ou trop vieux. La circulation des matelas n'est ainsi pas strictement liée aux arrivées et aux départs des membres du foyer.

Cependant, lors d'un décès, la famille endeuillée achète ou confectionne un matelas, appelé « matelas du défunt » (*nivîne mirya*)[1], qu'elle offre à son *şêx* ou son *pîr*. Celui-ci le mettra dans son *stêr* ou le donnera à un de ses *mirîd*. Le *stêr* n'est donc pas constitué des matelas des morts du foyer, mais il est constitué des matelas des morts des foyers étrangers. Le *stêr* vient ainsi de l'extérieur du foyer.

Représentation du foyer, le *stêr* est constitué au moins en partie par les matelas donnés. D'une certaine manière, chacun des foyers existe par l'exil des autres foyers. Sans faire de lien direct entre les défunts des autres et les vivants de la famille, cette pratique de don de matelas rappelle la croyance des Yézidis en la métempsychose. La mort est un exil en attendant que l'âme réintègre un corps. Le lien entre la circulation des âmes et celle des matelas n'est pas évident. Mais ce qui est sûr est que, sauf exception, quand on ajoute un matelas à son *stêr* (à son foyer) c'est que quelqu'un est mort. La constitution de l'emblème du foyer est ainsi directement liée aux décès dans la communauté.

ты должен уважать члены семьи, даже и хэрибы. Мы верим в стэрь, уважаем его. Это честь семьи. На него стоят фотки мёртвых. Худане Мале живёт внутри. Стэр – наш семейный бог ».

1   Il ne s'agit en général pas du matelas sur lequel a dormi le défunt, mais plutôt d'un matelas neuf faisant office de « matelas du mort ».

VISAGES DU DÉFUNT : SOULIGNER L'ABSENCE

Le mort à la maison

Posés sur le *stêr*, ou accrochés à proximité, les portraits des défunts du foyer sont présents dans les maisons. Ces photographies sont le plus souvent des portraits sous forme de buste : le cadrage, à la manière des photos d'identité, est neutre et sans charme, le visage est en général sérieux et grave. Dans les coins du cadre, une ou plusieurs petites photos représentant le défunt dans une posture plus décontractée (souriant, dansant, avec ses amis, conduisant un tracteur...) sont glissées. Lorsqu'il s'agit du portrait d'une femme décédée, une photo de son mari est glissée dans la jointure du cadre (qu'il soit lui-même mort ou vivant importe peu). Les morts sont ainsi présents au quotidien : en image par la présence de leur photo sur le *stêr* et de leur gravure au cimetière, et métaphoriquement, par la présence de leur matelas dans le *stêr*. En effet, lors d'un décès, le matelas sur lequel dormait le défunt, ainsi que ses draps et son oreiller, sont offerts au *şêx* (ou au *pîr*). Celui-ci pourra inclure ce matelas dans son *stêr*, ou l'offrir à une famille de *mirîd* pour leur *stêr*. Ce don est appelé « don du mort » (*xêra mirya*), et est effectué « pour qu'il [le défunt] ait un matelas sur cette terre[1] ». Image du foyer, le *stêr* de la famille du défunt reste inchangé : aucun matelas n'est enlevé[2]. Alors même que le mort est écarté du foyer par le don de matelas, il est gardé présent dans le *stêr* familial.

Pleurez, vous êtes filmés !

La présence d'appareils photo et de caméras lors des funérailles est révélatrice de l'importance de l'image. Les membres de la communauté filment eux-mêmes l'événement et prennent des photos. Celles-ci sont en général cadrées sur le cercueil ouvert. On y voit uniquement le défunt, ou, lorsque le cadre est un peu plus large, la parentèle féminine assise au plus près du cercueil. De même pour les images filmées par les membres de la communauté : la caméra est avant tout dirigée vers la dépouille.

---

1   « Чтобы на тот свете у него был постель », Pîr Zinê, Mîrek, 2007.
2   Comme on l'a vu, dans le *stêr*, le matelas n'est pas identifié : on serait bien en peine d'enlever celui du défunt.

Il s'agit alors d'un plan fixe (vers un objet fixe) qui ne se différencie de la photo que par la présence du son, c'est à dire les paroles mélodisées. Alors même que la position « rec » n'est actionnée sur la caméra que lorsque les énonciations valent la peine d'être immortalisées, voir les énonciateurs semble être sans importance. Ainsi, ce sont les énonciations qui décident le cameraman à enclencher l'enregistrement, même si les énonciateurs n'entrent pas dans le champ de la caméra. Lorsque le plan change, la caméra privilégie en particulier les parents proches du défunt et ceux qui sont venus de loin. De longs plans sur les photos des défunts du lignage (posées sur le *stêr* ou accrochées au mur) sont aussi très fréquents (**doc. 21** et **doc. 60**).

Les photos prises lors des funérailles seront plus tard encadrées ou conservées dans les albums familiaux. Quant aux films, ils viennent compléter la collection de cassettes (ou DVD) qui se trouvent rangées sur la télévision. Les supports visuels (papier, cassettes ou DVD) font partie du patrimoine familial, et sont commentés fièrement lorsque l'occasion se présente. Ils sont fréquemment dupliqués et envoyés aux proches « exilés » en Russie, Ukraine ou Allemagne « pour qu'ils assistent aux funérailles même s'ils sont loin » (Sîsê, village d'Alagyaz). Ces derniers ont cependant aujourd'hui d'autres moyens de participer au rituel funèbre : il est devenu courant de dire des lamentations par téléphone portable lors d'un enterrement, ou d'entendre les lamentations en appelant un parent qui est au chevet du défunt.

Pierres tombales

La pierre tombale n'est installée que quelques mois après l'enterrement. Elle est révélatrice du statut que l'on attribue au défunt dans la mémoire commune. Jusqu'au milieu du XXe siècle, les pierres tombales étaient zoomorphes[1]. Elles sont encore présentes dans les cimetières. Le choix de l'animal pour telle ou telle personne est aujourd'hui commenté de la manière suivante : « En forme de cheval pour un homme courageux et fort, en forme de lion pour un héros, en forme de bélier pour un homme sage et respecté (ou riche : il avait beaucoup de moutons)[2] ». Pour les

---

1 Pour un recensement détaillé et une analyse des tombes zoomorphes du Caucase, voir Açikyildiz (2006).

2 « *В образе коня для храбрых, сильных мужчин, в образе льва для героя и в образе барана для разумных и достойных мужчин* », Mraz Cemal, septembre 2006.

femmes, les pierres tombales étaient le plus souvent de simples pierres sans inscription. Seules les femmes sans enfant ou mortes en donnant la vie avaient une pierre tombale en forme de berceau (*colang – beşik*) ... (**Fig.** 15) Personne ne se souvient aujourd'hui de qui est enterré dans ces tombes : elles ne comportent aucune inscription (ni nom, ni date). Taillées dans la roche, ces pierres tombales ne sont plus utilisées de nos jours (les toutes dernières datent des années 1960[1]). La tendance actuelle est de faire des tombes « comme celles des Arméniens ». Elles sont le plus souvent en marbre noir, surmontées d'une gravure à l'échelle (ou presque) de la personne décédée et très réaliste (**Fig.** 16). Ce réalisme est poussé jusqu'à représenter la personne de dos (en gravure) sur l'arrière de la pierre. Les visages sont très expressifs : un sourire en coin, un regard plissé ou la tête un peu penchée. Les inscriptions sont en kurde, russe ou arménien, écrites avec l'alphabet cyrillique ou arménien (plus rarement avec l'alphabet latin). Le nom du défunt ainsi que sa date de naissance et de décès sont indiqués, et assez régulièrement, un poème, un vers, ou quelques mots sont ajoutés au pied de la gravure, donnant quelques indices sur la vie du défunt. Pour les Arméniens également, les tombes en marbre sont un phénomène nouveau. Jusqu'au début du XXe siècle, les tombes arméniennes étaient surplombées de croix taillées dans la pierre (*khatchkar*). Le passage d'un type de tombe à l'autre a été assez rapide : il a été entamé à l'arrivée des soviets dans le Caucase[2].

Souligner l'absence

La représentation des défunts est ainsi omniprésente dans les cimetières, mais aussi dans les maisons (photos et *stêr*) et dans la parole mélodisée[3]. Mais ces objets de commémoration, loin de combler le vide, soulignent au quotidien l'absence réelle de la personne. Dans *L'imaginaire* (1940), Sartre a montré que la matérialité de l'image souligne l'absence de l'objet représenté. Cette caractéristique de l'image peut être étendue à la musique. En tant que « modalités de représentation », les œuvres

---

1   À cette époque déjà, les tombes en forme de lion, bélier ou cheval étaient réservées à quelques cas particuliers : personnages respectés, kolkhoziens exemplaires... (Aristova 1966 : 87).
2   Un changement similaire peut être observé en Azerbaïdjan (Amy de la Bretèque 2002).
3   Pour un parallèle avec l'image des morts en Italie, voir Francesco Faeta (1993) et pour un parallèle entre lamentations et photographies mortuaires, voir Holst-Warhaft (2005 : 152-160).

FIG. 15 – Vieilles pierres tombales. À gauche : chevaux au cimetière de Çamuşvan et au cimetière d'Alagyaz. En haut à droite : bélier au cimetière d'Ortaciya. En bas à droite : berceau au cimetière de Rya Taze. [Photos de l'auteur, 2006-2007].

FIG. 16 – Pierres tombales en marbre. Cimetières de Mîrek (en haut
à gauche), Feriq (en bas à gauche), et Şamiram (à droite).
[Photos de l'auteur, 2006-2007].

picturales et musicales sont la « réalisation positive de l'absence », elles consistent à « montrer que l'on ne montre pas » (Hennion 2007 :372). En rappelant quotidiennement les défunts par des artéfacts visuels et sonores, les Yézidis marquent non seulement un refus d'oublier les défunts, mais également une volonté de souligner leur absence.

LA NÉCESSITÉ D'EXIL

Dans les « paroles sur », l'exil est à la fois la perte du foyer entraînant une douleur existentielle (*derd*), et un état actuel et entretenu. L'analyse des paroles des *kilamê ser* a montré que les exils sont toujours liés à la perte et à l'absence. Cet état provoque nostalgie profonde et « cœurs brûlants ». Mais les Yézidis ne semblent pas chercher à sortir de cette situation d'exilés, même lorsque l'exil est « évitable » ou lorsqu'il y aurait un retour possible.

Les Yézidis se souviennent de leur exil d'Anatolie avec douleur. Si pendant longtemps les frontières étaient fermées, aujourd'hui tous peuvent voyager vers la Turquie ou l'Irak. Mais personne ne songe à un « retour ». Si quelques rares individus ont effectué un voyage « touristique » vers les terres de leurs ancêtres, personne ne songe à s'y installer, et tous trouvent cette idée grotesque. À ma question sur la possibilité d'un « retour » vers l'Irak du Nord, Nariné s'est exclamée :

> « Vivre avec des gens qui mangent avec leurs doigts assis par terre ? En voilà une idée ! Qui voudrait vivre à Hewler, entouré de musulmans, quand tu as Moscou à portée de main ! » (septembre 2007)[1]

Nariné ne se souvient sans doute pas de la politique draconienne qui avait été menée dans les premières années de l'Arménie soviétique pour apprendre aux populations villageoises l'usage des chaises, tables et couverts. Pour elle, la frontière est solidement tracée non seulement entre les musulmans et les Yézidis, mais même entre les Yézidis de Transcaucasie et ceux d'Irak :

> « Les Yézidis d'Irak sont nos frères, nous sommes de la même famille, mais eux sont moins bien éduqués, ils sont restés dans le passé » (septembre 2007)[2].

---

1   *« Жить с людьми которые кушают на земле, руками ? Странное желание ! Кто захотел бы поехать жить в Хаулар, среди мусулман, когда можно и в Москву ».*

2   *« Езиды из Ирака – братя наши. Мы – одна семья, но они не так воспитанные как мы, они остались в прошлое ».*

Nariné n'est pas la seule à se sentir différente des Yézidis d'Irak. Malgré l'ouverture des frontières, rares sont ceux qui envisagent de donner leur fille en mariage à une famille de Yézidis d'Irak. Par contre, les mariages avec les Yézidis d'Allemagne (originaires de Turquie ou d'Irak) sont assez recherchés. Si la nostalgie pour l'Anatolie est évoquée dans les récits et paroles mélodisées, l'avenir est bel et bien tourné vers la Russie et vers l'Allemagne qui connaissent une immigration de Yézidis très importante ces dernières années. Tous songent à partir, au moins pour quelques années, tenter leur chance ailleurs. La situation économique n'est certes pas simple en Arménie, et les villageois vivent dans des conditions assez précaires. Mais cet exil est peut-être aussi lié à une culture du départ répandue dans les régions montagneuses des Balkans, d'Asie Mineure et de Transcaucasie. Commentée dans une littérature à la fois anthropologique, géographique et historique (Derhemi 2003 ; Fliche 2006, Hristov 2008 ; Kasimis, Papadopoulos et Zacopoulou 2003 ; Moullé 2008), cette culture du départ est toujours associée à une hypertrophie du sentiment de douleur, de perte et de nostalgie.

UN SENTIMENT EXPRIMÉ EN PAROLE MÉLODISÉE

L'exil est vécu de multiples manières par les Yézidis au cours de leur vie. Plus qu'une situation objective, l'exil est un sentiment défini par la perte, l'absence, le manque, le déchirement. Celui-ci s'énonce très souvent mélodisé, qu'il soit exprimé dans la conversation quotidienne ou dans les funérailles. Les maux qui s'y rattachent sont la douleur (*êş*), la souffrance (*êşîn*, *kul*), la blessure (*deran*), la nostalgie profonde ou la douleur existentielle (*derd*), le sacrifice (*qurban*), la mort (*mirin*). Le terme *xerîb* lui-même est souvent prononcé avec un appui prolongé sur la dernière syllabe, comme pour souligner la charge émotionnelle du mot. En plus de sa dimension spatiale, *xerîb* est un prolongement de la relation dans le souvenir. Le sentiment d'exil consiste à chérir et perpétuer des relations disparues, à les nourrir dans l'absence, comme en témoigne l'importance au quotidien de la parole mélodisée, des photos des défunts et des tombes avec gravures. En ce sens, l'exil est une relation multiforme, entre ailleurs et ici, entre la mort et la vie. Alors même que l'exil recouvre des réalités très diverses, le sentiment d'exil est toujours associé à la douleur existentielle (*derd*). En partant épouser un homme du village voisin, tenter la chance en Europe de l'Ouest ou faire du business à Moscou, les Yézidis se disent en pays *xerîb* et évoquent des sentiments nostalgiques. Le remède à ce mal est en théorie simple : pour guérir, il n'y a qu'à rentrer chez soi. Ceci est bien sûr impossible lorsque la séparation est due à la mort, mais même lorsque le retour serait en théorie envisageable, les Yézidis en *xerîb* ne cherchent guère à soigner leurs maux. Bien au contraire : la nostalgie profonde pour un espace perdu et un temps révolu est entretenue et fait l'objet d'un goût particulier, celui d'un douloureux plaisir.

 Dans la parole mélodisée, les exils se mêlent, se superposent, épaississant ainsi la douleur de la perte. Dans son *kilamê ser* (**doc. 56**), Altûn se dit exilée, de même que son petit-fils Romîk, son fils Şaliko et son frère Seroj. Dans le *kilamê se*r d'Altûn, l'exil réunit ainsi la mort (pour son frère Seroj et son fils Şaliko), la perte du père (pour Romîk) et la perte du fils (pour Altûn). Cette polysémie de l'exil n'est pas spécifique aux Yézidis d'Arménie. La culture de l'exil et de l'absence a été relevée dans de nombreuses études sur les Balkans et le Proche-Orient. Elle se manifeste sous diverses formes, allant de l'absence de justice dans le chiisme par l'usurpation de la descendance du prophète (Richard 1991, Momen 1985) à l'absence de l'être aimé dans la poésie touarègue (Casajus 2005a). Cette épaisseur du sentiment d'exil est illustrée dans la mystique musulmane. Hafêz décrit la vie comme une « étape d'exil[1] ». Les écrits mystiques comparent l'exil terrestre à un voyage initiatique (Popovic et Veinstein 1996, Beningsen 1985) et la naissance est considérée comme un acte d'arrachement au divin (Champault 1979). Décrit par Fliche comme « une expérience d'altérité vécue sur un mode positif ou négatif » (2004 :127), l'exil ne qualifie pas uniquement une expérience de mobilité « forcée » liée à une souffrance profonde, mais également une expérience mystique.

L'entendement que les Yézidis ont de l'exil entre dans cette culture régionale : ils associent le sentiment d'exil à une douleur existentielle. Pour autant, ils ne relient pas explicitement l'expérience de l'exil à une quête mystique, mais à un mode d'expression et d'empathie qui n'est pas celui de la simple parole, mais celui des *kilamê ser*.

---

1   Hafêz, ghazal 353, 1ᵉʳ vers, traduit par Charles-Henri de Fouchécour (2006 : 894).

TRAÎTRE DESTIN !

Dans cette communauté d'exilés, les *kilamê ser* synthétisent la douleur de la perte et mobilisent la mémoire autour du sentiment de douleur du souvenir. Analysant tour à tour la souffrance, le sacrifice et le martyre, ce chapitre s'efforcera de dépeindre un personnage incontournable des *kilamê ser* : le destin, illustre par sa traîtrise et son union avec le tragique.

CORPS EN SOUFFRANCE

La souffrance est une thématique incontournable des *kilamê ser*. Les mots qui la qualifient sont nombreux : *êşîn, kul, êş, kul û derd...* Que ce soit en contexte funèbre ou dans un contexte quotidien, les « paroles sur » font toujours référence à des corps en souffrance, à des maux sans remède, à une douleur fatale. Les énonciatrices affirment vouloir souffrir, avoir mal, se noyer, mourir... L'image que l'on donne de soi-même est celle de la faiblesse et de la vulnérabilité. En voici quelques formules courantes :

- Le feu brûle mon cœur (*Agir berdaye dilê min*)
- Mon cœur blessé (*Dilê min birîndaro*)
- Blessure de mon cœur (*Birînê kula dilê min*)
- Mon frère, tristesse de mon cœur (*Birê min, kesera dilê min*)
- Blessure profonde et terrible (*birîna bêxweya h'erame*)
- *Ax*, comme mon cœur pleure (*Ax, çawa digrî dilê min*)
- Mes yeux sont remplis de larmes (*Hêsir kete ç'evê min*)
- Ils n'ont pas soigné ma plaie (*Birîna min derman nekir*)
- Mon mal de tête ne passe pas (*Eşa serya min bernade*)
- Que puis-je faire de mon cœur blessé ? (*Ezê çawa bikim dilê şikestî*)
- Pourquoi suis-je si fatiguée ? (*Ez çira ha westyame*)

- Je souffre (*Min qelyao*)
- Je suis une grue, j'ai crié (*Qulingim, diqîryam, ay, diqîryam*)
- Je mourrai (*Ezê bimrim*)
- Je ne sais ce qu'il va advenir de moi (*Nizam, çawa be hale min*)
- À l'aide, Dieu, quelle lourde pression (*Hewar, hewara Xwedê, çi zulmeke girane*)

Souffrances morales et physiques se mêlent. Cette souffrance, exprimée en mots, est aussi incorporée dans une gestuelle spécifique. Arrivées à un certain âge (celui d'être grand-mère), ces femmes (et en particulier celles « au cœur brûlant ») soupirent en s'asseyant, gémissent en se levant, ponctuent les silences de *wey wey wey*, se frappent les cuisses et la poitrine en racontant des faits douloureux. Elles intègrent une souffrance physique dont elles ne se départiront plus. Le corps fait mal, la maladie est toujours logée quelque part[1]. La souffrance corporelle est alors la somatisation de la douleur existentielle.

Lors des funérailles, cette gestuelle est accentuée : les femmes se griffent, se frappent, s'arrachent les cheveux, ou tentent du moins d'accomplir ces actions. Les femmes les moins endeuillées sont chargées de veiller sur celles qui seraient susceptibles de se faire mal pour les en prévenir (voir notamment le **doc. 22**). La souffrance corporelle que ces femmes souhaitent s'infliger rejoint celle qui est clamée en mots, celle qui ne quittera pas leur cœur. Balancements lents du corps, frappes sur les cuisses ou sur le torse, cris, pleurs, gémissements, énonciations jusqu'au bout du souffle… À la fin des trois jours de veille, les voix éraillées et les traits tirés témoignent de l'épreuve subie par le système vocal et le corps dans son ensemble[2].

Les « gestes de douleur » (Granet 1922 :111) sont les mêmes dans toutes les cérémonies[3]. L'intensité de ces gestes varie en fonction du

---

1   À la question « Comment vas-tu ? (*Tu çawa yî ?*) », la réponse est toujours la même : « Bien (*Pok im / Baş im*) ». Mais l'intonation de la réponse diffère en fonction de l'âge de l'élocutrice. Les jeunes filles prennent une voix légère, tandis que les femmes âgées répondent avec un ton de voix gémissant. L'auditoire peut être sûr que les phrases suivantes seront le récit des maux endurés (deuils familiaux et douleurs corporelles telles des maux de jambes, de cœur et de tête).

2   Les phrases syntaxiques et mélodiques peuvent être longues. Le lien entre le souffle (poussé à l'extrême) et la catharsis a été relevé dans diverses traditions (pour les Gitans flamenco voir Pasqualino 2004 :120-121, pour l'aulos de la Grèce antique voir Hollinger 1982, pour les femmes mollah en Azerbaïdjan voir Amy de la Bretèque 2002).

3   En Azerbaïdjan, les femmes mollah – spécialistes qui dirigent les rituels funèbres – disent devoir contrôler leurs gestes (balancements, frappes sur la poitrine et les cuisses…) pour

statut social du défunt et du lien de parenté que l'on entretenait avec lui. La douleur est plus extériorisée, plus visible, pour les hommes que pour les femmes, pour les jeunes que pour les vieux, mais on pleure aussi plus abondamment quand on est la mère ou la sœur du défunt que lorsqu'on est sa cousine ou sa belle-sœur. Cependant, même lorsque la douleur est réduite et la mort facilement acceptée, on constate une expressivité minimum requise[1]. Si telle ou telle femme ne s'est pas assez balancée, griffée, frappée, les commérages à son égard iront bon train.

JE SUIS TON SACRIFICE

Ingrédient incontournable de la conversation quotidienne, le sacrifice est omniprésent dans la parole mélodisée. Les énonciateurs (en particulier les femmes endeuillées) s'offrent en sacrifice pour le défunt. Le sacrifice se décline de deux manières : mourir en échange de la vie du défunt (« Si ta sœur avait pu mourir à ta place », « Que les sœurs soient le sacrifice des frères ») ou mourir de désespoir face à l'absence du défunt (« Que ta mère ne puisse plus dormir », « Tant que je vivrai, je serai le sacrifice de tes yeux noirs »).

La formulation la plus fréquente est certainement « que je sois ton sacrifice » (*ez qurbana te mè*). *Qurban* signifie littéralement le sacrifice animal. Ce mot, d'origine arabe, est présent dans de nombreuses langues de la région[2]. Pour les Yézidis d'Arménie, *qurban* est employé à la fois pour le sacrifice des moutons et des vaches lors de fêtes religieuses et, métaphoriquement, pour le don de soi. Il est parfois aussi traduit par « victime ». Le mot *qurban* est omniprésent dans les funérailles. Les

---

que le « chaos ne prenne pas pied dans la cérémonie ». Elles doivent montrer un peu de retenue et de réserve pour que la cérémonie se déroule comme il se doit. Leur expression de la souffrance est contrôlée et maîtrisée, mais elles sont initiatrices de l'expression de la souffrance des autres. (Amy de la Bretèque 2005 :59)

1 Cette « expressivité minimum » a été relevée dans nombre de traditions funéraires. Voir notamment Thomas (1990 :30).

2 *Qurbān* en arabe, *qorbān* en hébreu, *qurbānā* en syriaque, *qurban* en kurde et en azéri, *kurban* en turc, bosniaque et croate, *ghorban* en persan et en afghan, *qorban* en tatare. En arménien, le mot *ghorban* est employé dans la langue populaire (en particulier par les femmes âgées), on le retrouve aussi dans la poésie de Sayat Nova (barde du XVIIIe siècle).

phrases suivantes sont quelques exemples de formulations parmi les plus fréquemment employées :
- Je suis le sacrifice de tes blessures (*Ez qurbana birînê teme*)
- Je suis le sacrifice de tes cheveux dorés (*Ez qurbana biskê zerim*)
- Je suis le sacrifice de tes yeux et de tes sourcils (*Ez qurbana ç'ev-birîê teme*)
- Je suis le sacrifice des blessés de la maison de mon père (*Qurbana birîndare mala bavê xweme*)
- Je suis le sacrifice de vos malheurs (*Ez qurbana kula dilê weme*)

Lors des veillées funèbres, ainsi que dans la vie quotidienne, certaines phrases évoquant le sacrifice des vivants pour le défunt ne font pas usage du mot *qurban*, mais l'idée du sacrifice y est présente d'autres manières :
- Si ta sœur avait pu mourir à ta place (*Bira dewsa te xweyînga te bimra*)
- Fils, que ta mère soit malheureuse (*Lao, bira dya te dêranbe*)
- J'ai dit : « Que tes yeux deviennent aveugles » (*Min go : ç'evê te korbe*)
- Que les cheveux de ta sœur et de ta tante soient coupés (*Porgulîê xûşka, meta te kurbe*)
- Quand les frères des sœurs meurent, que les sœurs soient leur sacrifice (*Birê xûşka gava dimrin, bira xûşk qurbana dira bin*)

Tous ces énoncés mobilisent des relations. Ainsi, l'expression « Que je sois ton sacrifice » lie deux personnes par le biais des pronoms « je » et « ton ». Dans d'autres cas, ce sont des liens de parenté qui sont évoqués : sœur – frère, mère – fils, fille – lignage paternel. Rarement nominatives, ces formules instaurent ainsi des modèles de relations auxquels chacun peut s'identifier.

Qu'il s'agisse des énoncés des hommes ou de ceux des femmes, le sacrifice de soi est une thématique centrale des *kilamê ser*. La façon de vivre ce sacrifice est cependant bien différenciée dans chacun des cas : si les hommes se posent en héros tragiques à la fin de leur existence, les femmes se sacrifient au quotidien.

FEMMES SACRIFIÉES

Dans le discours des femmes, l'espace féminin est décrit comme étant celui de la douleur. On a vu que le mariage, souvent très jeune, est dépeint comme un premier déchirement. Les jeunes mariées disent souffrir d'une nostalgie profonde pour leur famille. Les grossesses et les accouchements, malgré la joie que les naissances procurent, et alors même qu'elles consolident le statut de la mère dans le foyer de l'époux, sont aussi qualifiées d'épreuves douloureuses par les femmes. Les malades sont également assistés par les femmes. Après la quarantaine, celles-ci affirment bien souvent vivre en souffrance, vivre les malheurs des autres.

Le mot *qurban* n'est pas réservé au seul contexte funèbre, il est également présent dans le langage quotidien des femmes. C'est un « mot doux » des mères à leurs enfants (*qurbana min* : mon sacrifice). Il est alors l'amour par le don de soi. Dans les villages yézidis tout comme à la ville, la vie des femmes est consacrée avant tout aux enfants et à la vie domestique : dans les villages, les femmes s'occupent de surcroît de la traite des vaches, des moutons et du séchage de la tourbe – *kiziak* – qui sera utilisée pour le poêle en hiver. Les femmes ont ainsi moins d'espace de vie hors du foyer, hors de la communauté que les hommes. En se dévouant pour leurs enfants, en se sacrifiant pour eux, les femmes donnent un sens et un poids à leur existence.

Si les femmes ne sont pas les seules à vivre en souffrance, ce sont elles qui sont autorisées à le dire et à le faire savoir à la communauté. En exprimant cette douleur en *kilamê ser*, les femmes la rendent effective et présente. En mélodisant leur douleur, les femmes disent aussi se soulager : les *kilamê ser* les aident à assumer leur chagrin. Ce rôle cathartique de la parole (mélodisée ou non) lors des funérailles et des rituels de deuil est analysé dans de nombreux travaux[1]. Mais dans le cas des femmes yézidies de Transcaucasie, l'aspect cathartique de la parole n'est que peu évoqué et le bien-être ressenti après avoir dit une « parole sur » n'est pas central dans les discussions. La raison en est peut-être que les femmes au « cœur brûlant » ne cherchent pas de remède permanent

---

1 Amy de la Bretèque 2002, 2005 ; Andreesco 1986, 1990 ; Brailiou 1979 :19 ; De Sike et Hutter 1979 ; Doubleday 1988 ; Efendieva 2001 ; Farkhadova 1991 ; Guiart 1979 :10 ; Herndon et Ziegler 1990 ; Khouri 1993 ; Péruchon 1997 ; Rudenko 1982 ; Thomas 1975 et 1985 ; Vaulay 2008.

à leurs souffrances. Dans son *kilamê ser* (**doc. 52**), Altûn, par exemple, promet de garder en elle, jusqu'à sa mort, la peine de la perte de son fils et de son frère, et du statut d'orphelin de son petit-fils (lignes 41, 42 et 43). Altûn ne souhaite pas guérir de ses maux, ni sortir du deuil.

Le sacrifice de soi n'est pas réservé aux femmes, mais pour les hommes il se décline plutôt comme une forme d'héroïsme.

HOMMES MARTYRS

Le sacrifice des hommes est associé à l'honneur – *namûs*. Intimement liée au destin, la mort héroïque est avant tout la mort violente et inattendue (par opposition à la mort calme, prévisible). C'est par exemple celle qui a lavé l'honneur en vengeant un frère dans le cas d'une mort par assassinat[1] ou qui a défendu la patrie notamment pour les morts lors de la guerre au Karabagh (**doc. 7 et 8**), Mourir dans une catastrophe

aérienne (**doc. 9**), dans un accident de voiture ou lors d'un séisme (**doc. 15**) est également honorable et ces morts pourront être mélodisées en « paroles sur le héros ». En ce sens, les hommes se sacrifient pour une cause. Ils peuvent alors être pensés en martyrs (*fedayi*[2]).

En héros tragiques, le sort des hommes n'est pas plus à envier que celui des femmes : la fatalité est de mise, la fin sera noire. La différence est cependant que les femmes se sacrifient au quotidien par leur parole et leur souffrance corporelle, tandis que les hommes accèdent à cette posture à la fin de leur vie, devenant à leur mort des héros tragiques, des martyrs de la communauté. Le sacrifice des hommes est d'autant plus commenté et respectable que la mort est tragique et inattendue.

Dans la communauté yézidie, la tragédie est constitutive du statut social des sacrifiées (les femmes) et des martyrs (les hommes). Cette quête de tragique se situe, pour les hommes comme pour les femmes,

---

1   Dans ce contexte de valorisation des morts tragiques, la mort par vendetta est parmi les plus héroïques. Le lecteur intéressé en trouvera une illustration dans la nouvelle « Vengeance » (*Месть*), de l'auteur kurde-yézidi Emerîk Serdar, publiée en 2005 dans le livre *La noce a eu lieu deux fois (Свадьбу сыграли дважды)*.

2   Il est intéressant de remarquer que les Yézidis d'Arménie n'emploient que très peu le mot *şehid* (employé par les Kurdes de Turquie) pour le martyr. Ce mot d'origine arabe est en effet employé dans tout le Proche et Moyen-Orient musulman pour désigner, entre autres, les martyrs pour la foi – l'islam). Les Yézidis, peut-être par souci de démarcation par rapport aux musulmans, emploient le mot arménien *fedayi* pour martyrs.

dans la dernière partie de leur vie. Celui qui a bien souffert (pour un homme en héros tragique, pour une femme en endeuillée pour ses proches) reste présent dans les mémoires. Sa vie est honorable ! Les nombreuses études sur le deuil et les lamentations dans les pays méditerranéens (Caraveli-Chaves 1980, 1986, Galal 1937, Westermarck 1926), les Balkans (Brailoiu 1979, Daniel 1996, Dimitrijevic-Rufu 1996, Stewart 1993 :27), le Proche-Orient et le Moyen-Orient (Amy de la Bretèque 2002, 2004, 2005 ; Khouri 1993, Seremetakis 1991) ont montré que l'expression corporelle et vocale du deuil inachevé est avant tout une tâche féminine (qui incombe en particulier aux femmes âgées). Souvent tenus à l'écart, les hommes ont pour seule parole celle du canon (le Coran, la Bible...). Dans la communauté yézidie, cette séparation des rôles entre hommes et femmes apparaît aussi, mais elle est moins clairement délimitée : les hommes peuvent, dans certains cas (notamment lors de morts « héroïques »), énoncer des « paroles sur » et pleurer ouvertement.

LA VOLONTÉ DU DESTIN

Aux dires de tous, le responsable de ces trajectoires tragiques est le destin (*felek*). Figure centrale des *kilamê ser,* le destin est très souvent personnifié : il agit, il fait, il vient rendre visite, il trahit... Voici quelques exemples d'évocation du destin relevés dans des « paroles sur » :

- *Ay*, destin, tu m'as trompée (*Ay, felekê, te li min barkir*)
- *Ay* destin malheureux (*Ay felekê bêbextê*)
- Mon destin est un traître (*Felekê min xayîne*)
- Pourquoi toi, destin, m'as-tu coupé les ailes (*Te çira felekê qolanê milê min, dûrî zarê, danîne*)
- Le destin se tient avec un arc et des flèches autour de nos tentes (*Felekê tîr kevanê xwe hildaye dora koç'ê*)
- Destin, le destin est traître, qu'il soit maudit (*Felekê, felekê xayîne, de bira xêrê-waê qe nevîne*)
- À l'aide, chagrin, que le destin des assassinés soit maudit (*Hewar, zulme, bira feleka kuştya xêrê-waê qe nevîne*)

— Fils, je ne sais pas pourquoi l'envoyé du destin m'a trompée, prise et emportée (*Lao, nizam, çira qasidê olimê mêrê felekê ez xapandim, hilan, birin*)
— Le destin est injuste envers moi (*Felekê minra neheqe*)
— Je ne sais pas, toi, mauvais destin, ce que tu attends de moi (*Nizam, feleka xirav, çi ser sîngê min dixazî*)
— Destin, comme tu me fais mal (*Felek, çawa tu min dêşînî*)
— Le destin dit : « Tu es éteinte » (*Felek divê : tu vêsîne*)
— Ah, destin, pourquoi as-tu agi ainsi, ouvre le couvercle de mon cercueil (*Ax, felekê, te çima wa kir, derê tabûtê ser min vekir*)

En « disant » et en « agissant », le destin se voit doté d'une agentivité qui, sinon, incomberait aux autres acteurs. Caractérisé le plus souvent par l'adjectif *xayîn* (traître), le destin est celui qui éloigne des proches (exode vers les grandes villes, mariages...) et fait de chacun une âme en peine. En ce sens, l'exil est fatalité et souffrance. Il est la conséquence de la volonté du destin. Ce dernier, traître et maudit, prévoit toujours le malheur : le destin heureux n'existe pas. La somme de ces destins individuels créé un destin partagé (comme pour l'exil).

UN DESTIN PARTAGÉ

Les Yézidis d'Arménie partagent avec les Arméniens l'idée d'un « destin commun » non seulement par la mémoire d'un passé partagé dans l'empire ottoman (en qualité de « non-musulmans »), mais aussi par leur fuite vers la Transcaucasie et par leur destin de soviétiques et post-soviétiques côte à côte. La mémoire partagée d'un même destin tragique est présente dans les « paroles sur le héros » comme celle sur Jahangir Agha (**doc.** 1) qui a combattu aux côtés du général Andranik lors de la bataille de Sardarapat (1918). Les Yézidis sont très fiers du nouveau monument (*pamiatnik*[1]) érigé à la mémoire de Jahangir Agha, à Érévan.

---

1 Littéralement : ce qui entretient la mémoire.

Durant la période soviétique, de nombreux auteurs ont écrit des œuvres littéraires, historiques ou folkloriques sur l'amitié entre les peuples arméniens et kurdes. Le poème épique *Kar u kulik* en est un bon exemple, de même que l'ouvrage de A. Djindi *Sur l'amitié des peuples arméniens et kurdes dans le folklore*, publié en 1960 dans la revue « Nouvelles de l'académie des sciences d'Arménie » (Érévan). Ces écrits soulignent toujours, en plus de traits culturels communs, un passé de souffrance et une alliance face à un ennemi commun (le musulman, le Turc – ces deux mots étant parfois employés en synonymes).

Dans la communauté yézidie, la souffrance est aujourd'hui revendiquée à plusieurs niveaux :

1. par les femmes : « Nous sommes femmes parce que nous souffrons »,
2. par les Yézidis « martyrisés par les musulmans »,
3. par la kurdicité (sous l'influence de la télévision kurde satellite ROJ-TV émise de Bruxelles et liée au PKK) : « Nous sommes Kurdes parce que nous souffrons », et,
4. par l'arménité et le souvenir du génocide.

À des échelles différentes, être ensemble se fait dans la douleur, par le partage en paroles mélodisées d'un destin malheureux, entretenu dans la tension, toujours actualisée, de l'exil. Ces différentes échelles de culture de la douleur et du sacrifice sont un des traits culturels importants de cette région (Anatolie, Perse, Caucase, Balkans). Ceci peut être observé dans la circulation du vocabulaire de la douleur. *Qurban/kurban* (le sacrifice), *garib/xerîb/gurbet* (l'exil) et *derd/dert* (la douleur existentielle ou la nostalgie profonde) sont des termes au sens imagé et poétique très fort employés dans tout le Proche et Moyen-Orient. Mais ce trait culturel régional est sans doute plus flagrant encore au regard de la richesse des musiques de la douleur dans cet espace et de l'importance qui est accordée localement à ces répertoires.

CONCLUSION

Dans les sociétés modernes occidentales l'absence, la perte et la mort entraînent souvent le silence et le mutisme (Ariès 1977, Czechowski et Danziger 1992, Morin 1970, Thomas 1975, 1985, Wilce 2009). Ce vide marque en « creux » la relation passée comme une disparition. Mais dans la communauté yézidie d'Arménie, le départ et l'absence sont commentés en paroles mélodisées. Ces dernières transforment une relation accessible en une autre qui ne l'est pas. Elle n'en continue pas moins à exister au présent sous forme poético-musicale.

Les Yézidis mélodisent leur parole dans des contextes rituels ou dans la conversation quotidienne. Les énonciateurs sont parfois endeuillés, « au cœur brûlant » (dilşewat) et leur kilamê ser est alors le récit de souffrances vécues. Néanmoins, la parole mélodisée dépasse toujours l'évocation d'émotions propres à l'énonciateur. Ceci est particulièrement clair lorsque les kilamê ser sont énoncés par des professionnels, puisque personne ne suppose alors qu'ils expriment leurs sentiments intérieurs.

Endeuillés et professionnels mobilisent néanmoins les mêmes procédés énonciatifs : mélodisation, usage du discours rapporté, emploi de formules poétiques et de mots au sémantisme obscur... L'abondance du discours rapporté et le flottement des marqueurs temporels, en particulier, contribuent à détacher les paroles mélodisées du présent immédiat de l'énonciateur. En remplaçant l'intonation spontanée de la voix par des courbes mélodiques relativement stables, la mélodisation de l'énoncé achève de le constituer en un espace de peine partagée.

Enfin, les sentiments caractéristiques des paroles mélodisées (le sacrifice de soi, l'exil, la nostalgie, l'absence et la perte) sont, pour les Yézidis, non seulement des émotions vécues subjectivement, mais aussi des modes relationnels. En effet, l'autre est toujours présent dans les paroles mélodisées. Si les kilamê ser sont littéralement des « paroles sur », elles sont aussi des « paroles vers » les présents, les absents, les disparus.

En cela, les paroles mélodisées construisent ou remodèlent les relations sociales au moins autant qu'elles n'expriment des affects individuels.

Ce sont par ailleurs des énonciations marquantes et souvent plus durables que la parole quotidienne. Bien qu'elles soient soumises comme cette dernière aux aléas de l'instant, les paroles mélodisées perdurent souvent en dehors du contexte qui leur a donné naissance. Elles occupent ainsi une place particulière dans la création des héros épiques. Aujourd'hui encore les « paroles sur la mort » exemplaires tendent à devenir, avec le temps, des « paroles sur le héros ». Au fur et à mesure qu'elles se diffusent, elles deviennent de plus en plus autonomes et se répandent bien au delà du cercle familial ou villageois. Depuis une vingtaine d'années, des enregistrements effectués en studio sont vendus dans des compilations et, plus récemment, échangés sur internet. Ces nouveaux supports permettent une diffusion des *kilamê ser* à une échelle élargie, et contribuent ainsi à la création d'une culture partagée. Au delà des Yézidis d'Arménie, celle-ci comprend les locuteurs de kurde *kurmanji* en Turquie, en Syrie, en l'Irak et en Europe de l'Ouest.

Les paroles mélodisées enregistrées dans les studios d'Érévan sont en effet similaires à celles enregistrées à Diyarbakir, Erbil ou Francfort, que ce soit par la forme, par la langue, ou encore par les thématiques. Ces chants, qui parlent de héros martyrs, de l'injustice du destin, et de l'exil amer, rappellent que le sacrifice de soi est un acte héroïque central dans de nombreuses sociétés du Caucase et du Proche et Moyen-Orient.

Dans cet espace caractérisé, au début du XXIᵉ siècle par une violence étatique ancrée dans des revendications nationalistes et religieuses exprimées en actes armés (Bozarslan 2008, Gammer 2008, Mayeur-Jaouen 2003, McDonald 2009, Merlin 2002), le sacrifice de soi revêt des formes variables. La mort de l'intéressé est l'une des plus marquantes. Elle survient dans la lutte armée, les attaques suicides, le martyr subi pour la foi… Mais le vocabulaire du sacrifice de soi n'est pas moins présent dans l'évocation de l'exil, de la déportation, de l'emprisonnement ou du dévouement pour autrui… La mort corporelle ou spirituelle de l'individu est atteinte dans un dépassement de soi qui fait du « sacrifié » un être hors du commun, un héros.

Contée en parole mélodisée, narrée en poèmes, la mort volontaire est une mort juste et admirée. Dans les récits d'attaques suicides en Palestine par exemple, les décès deviennent des victoires et les funérailles des martyrs sont célébrées par des festivités grandioses qui prennent la forme d'un mariage entre le martyr et sa terre (Pitcher 1998 :26-27). Dans l'ensemble du Moyen-Orient, Bozarslan (2004) souligne l'apparition d'un esprit tragique (*tragic mind*) en vertu duquel les formes auto-sacrificielles de violence deviennent le moyen le plus sûr de donner justice et espoir.

La spécificité du sacrifice de soi chez les Yézidis est cependant que ces derniers ne considèrent pas le martyr comme une quête spirituelle ou politique. À la différence du chiisme, de certains groupes gnostiques et soufis (Momen 1985, Amir-Moezzi 1994, De Vitray-Meyerrovitch 1977), ou des martyrs de l'Intifada (Brym & Araj 2006), ils n'associent pas leurs souffrances à celles de personnages religieux ou politiques. Détaché de ces motivations évidentes et centrales dans d'autres cultures de la région, le sacrifice de soi prend, chez les Yézidis, une autre dimension. La sphère émotionnelle qui le caractérise devient plus disponible pour des utilisations ou des évocations proprement esthétiques. Au croisement d'une logique artistique, rituelle et politique, la mélodisation de la voix transforme les relations et construit des objets d'appréciation durables. Inscrites de la sorte au cœur du vécu yézidi, les paroles de peine sont dès lors aussi bien des paroles de vie.

GLOSSAIRE

Ce glossaire, classé par ordre alphabétique, mélange des noms propres et des termes vernaculaires (en kurde, en arménien ou en russe). Ces derniers sont signalés par des italiques.

ALAGYAZ : Village du district d'Aragatsotn. Durant la période soviétique, ce village était célèbre pour son théâtre en langue kurde.

APARAN : Ville d'Arménie, chef lieu du district d'Aragatsotn.

ARAGATS : Le mont Aragats se trouve dans le nord-ouest de l'Arménie. Son sommet culmine à 4090 mètres. L'été, une partie des Yézidis y effectue la transhumance (*zozan*).

ARARAT : Montagne mythique du Proche-Orient. Le sommet de l'Ararat est le lieu où l'arche de Noé se serait échouée. Le mont Ararat est un symbole fort de l'arménité. Il se trouve en Turquie, mais il est omniprésent dans le paysage arménien de la plaine d'Hoktemberian et d'Armavir, et également très visible depuis la capitale (Érévan).

BENEK : Amulette (éloigne les mauvais rêves, protège des mauvais sorts, aide les femmes à tomber enceinte…).

BER : Clan. Les *ber* réunissent plusieurs lignages.

BEYT : Enoncé religieux. Transmis de père en fils, les *beyt* font partie d'un savoir réservé aux *şêx* et aux *pîr*.

Birao ! : Frère ! (Forme vocative).

BIRA AXIRETÊ : En plus d'un *şêx* et d'un *pîr*, tout Yézidi a un *bira axiretê* (frère de l'autre vie). Cette personne est choisie dans la famille du *şêx* qui dirige le lignage du *mirîd*. Le *bira axiretê* sert de conseiller et d'avocat dans la vie terrestre et à l'arrivée dans l'autre monde. C'est ce frère qui, par ses prières pour l'âme du défunt, aidera le passage dans l'autre monde lorsque la personne mourra. Souvent présent dans les funérailles, le *bira axiretê*, s'il est décédé avant son *mirîd*, accueillera le défunt dans l'autre monde. Le *mirîd* a des obligations envers son *bira axiretê* qui se traduisent par des dons (argent, bétail) appelés *xêr*.

BUK : Bru, mariée.

BUKTÎ : Règle de conduite que la bru doit suivre après son mariage.

ÇAV PIS ou *MORIYE ÇAVA* : Mauvais œil.

DAYKA ŞIRO : Littéralement « la mère de la pluie ». Sa tombe, dans le village de Rya Taze, est un lieu de pèlerinage. On y brûle des bougies pour la réalisation de vœux. Prendre une pierre de sa tombe et la jeter dans l'eau apporte la pluie, la jeter dans le feu arrête la pluie.

DERD : Mot d'origine arabe employé dans de nombreuses langues du Proche et Moyen-Orient. *Derd* signifie à la fois la douleur existentielle et la nostalgie profonde.

DILŞEWAT : Littéralement « au cœur brûlant ». Désigne les femmes endeuillées.

DOHOL : Tambour sur cadre biface joué en accompagnement du *zurna* (hautbois).

DOLINDANK : Nom des chants d'enfants chantés de porte en porte lors de la fête de *Xidirnebi*.

DUDUK : Hautbois répandu dans le Caucase, le Proche et Moyen Orient. Il est un des symboles de l'arménité.

ÉRÉVAN : Capitale de l'Arménie.

GAVANE ZARZAN : Protecteur du gros bétail (vaches, bœufs...), Gavane Zarzan est une créature invisible (*hurî*) pour l'œil humain.

GOVEND : Danse en chaîne. Les danseurs se tiennent par la main, par l'oriculaire ou par la bras entier (dansant épaule contre épaule).

GUND : Village. La population yézidie d'un village est le plus souvent formée d'un ou deux lignages de *mirîd* (laïcs), auxquels s'ajoutent une ou deux maisons de religieux (*şêx* ou *pîr*).

HEFTNAN : Formé sur *heft* (sept) et *nan* (pain). Les *heftnan* sont les sept pains sucrés rituels cuits lors des enterrements. L'un d'entre eux sera enterré avec le défunt, les autres seront distribués.

HURÎ : Les Yézidis du Caucase croient en la présence d'êtres surnaturels qui vivent avec eux mais dans une autre réalité. Appelés *hurî*, les principaux acteurs sont : Xûdâne Male, le protecteur du foyer, Xatûna Farqa, la protectrice des femmes et des enfants, Mame Şivan, le protecteur du petit bétail (moutons, brebis, chèvres), et Gave Zerzan, le protecteur du gros bétail (vaches, taureaux). Tous les *hurî* exécutent les ordres de Dieu. Ces personnages sont présents dans la vie de tous les jours. Il est par exemple tout à fait déconseillé de jeter de l'eau sur le sol de la maison sans en avoir d'abord informé le Xûdâne Male par une phrase lui disant de se mettre à l'abri. Par ailleurs, des lieux (*ziyaret*) sont dédiés à ces *hurî*. Il s'agit parfois de tombes, d'un arbre, d'une source, d'un rocher... C'est ainsi avec une demande précise que, la plupart du temps, on visite les *ziyaret* : protéger le bétail affaibli, aider une grossesse difficile...

HOKTEMBÉRIAN : chef lieu du district du même nom situé dans la plaine de l'Ararat, à la frontière avec la Turquie.

KEVANÎ : Maîtresse de maison.

KILAMÊ SER : Littéralement « parole sur » ou « parole à propos de ». Les *kilamê ser* sont des énoncés tristes liés à l'exil, à la mort, à l'absence. Mélodisés, ils n'ont pas le statut de chant (*stran*) mais de parole.

KOLKHOZE : Exploitations agricoles collectives instaurées en URSS par Staline dans sa campagne de collectivisation forcée qui a débuté en 1928. À l'indépendance de l'Arménie, tous les kolkhozes ont fermé.

KURMANJI : Dialecte du kurde (famille des langues iraniennes) parlé en Arménie, dans les régions kurdes de Turquie et dans une partie de la région kurde d'Iraq. Les autres dialectes principaux du kurde sont le *soranî* (parlé en

Iran et en Irak), le *zazakî* (parlé en Turquie) et le *goranî* (parlé en Iran).

LALIŞ : Centre religieux des Yézidis situé au nord de l'Irak, Lališ est un lieu de pélerinage important des Yézidis d'Irak. Durant la période soviétique, les Yézidis de Transcaucasie n'avaient aucunement la possibilité de voyager en Irak. Aujourd'hui, Lališ apparait sous forme d'images dans les foyers yézidis. Rares sont cependant les Yézidis qui ont effectué un pélerinage en Irak, ou qui y songent...

MAFIOZ : « Mafieux ». Terme russe employé également en kurde par les Yézidis.

MAL : Maison ou maisonnée (au sens des murs qui la constitue et des personnes qui y habitent ou s'y rattachent).

MALXÛÊ : Maître de maison.

MAMÊ ŞIVAN : Protecteur du petit bétail (moutons, chèvres, brebis...), Mamê Şivan est une créature invisible (*hurî*) pour l'œil humain. Les bergers demandent ainsi protection à Mame Şivan avant le départ pour la transhumance. Şivan est d'ailleurs le mot employé pour « berger ».

MARCHROUTKA : Mini-bus (du russe маршрутка). Les mini-bus ont fait une apparition soudaine et massive dans toute l'ex-URSS. Ils appartiennent à des individus ou à des compagnies et effectuent des trajets fixes (que ce soit à l'intérieur des villes ou en campagne).

MELEKÊ TAWUS : Ange-paon situé à la tête du conseil divin de sept anges. Melekê Tawus est peut être désigné par des variantes de cette appellation (Tawsi Melek, Tawisî Melek ou Malak Tawus) ou encore par une autre expression, Cin Teyar ou Cin Teyr, littéralement, « le grand oiseau Djin ».

MIRÎD : Mot d'origine arabe qui réfère aux disciples d'un homme saint. Les *mirîd* sont les Yézidis qui ne sont pas nés dans des familles de religieux (*şêx* et *pîr*).

NEWROZ : Fête calendaire de « nouvel an » célébrée à l'équinoxe de printemps (21 mars) dans de nombreuses régions du Moyen-Orient (notamment en Iran et dans les régions kurdes de Turquie et d'Irak).

OCAX : Foyer et four. Le *ocax* (*tandur* en arménien) est le four creusé dans le sol des maisons dans lequel est cuit le pain (*lavaş* – pain très fin) et sur lequel sont cuits les plats. Par extension, le mot *ocax* désigne le foyer.

PÎR : Mot kurde qui désigne le vieux (au sens de sage) de la communauté. Chacun des membres de la communauté, quel que soit le groupe auquel il appartient, est lié à un *pîr*, qu'il appelle « mon *pîr* » (*pîre min*). Les *pîr* désignent de la même manière les *mirîd* auxquels ils sont liés « mes *mirîd* » (*mirîden min*). Les *pîr* ont eux-mêmes un *pîr*. Les *pîr* sont des guides spirituels. Ils doivent servir leurs *mirîd* en remplissant certaines obligations rituelles (notamment lors des naissances, mariages et funérailles), en priant pour eux et en les conseillant. En échange, les *mirîd* leur font des dons, lors de divers rituels ou de visites rendues à la maison du *pîr*. Ces dons peuvent être du bétail ou de l'argent. Les tâches des *pîr* ne se distinguent pas, dans les faits, de celles des *şêx*. Les obligations des *mirîd* envers leur *pîr* sont les mêmes qu'envers leur *şêx*. Dans les rituels un *şêx* ou un *pîr* peut faire l'affaire. Dans certains rituels (notamment funéraires) la présence des deux est requise.

PKK : Le Parti des travailleurs du Kurdistan, PKK (en kurde *Partiya Karkerên Kurdistan*) a été fondé en 1978 par Abdullah Öcalan. Le PKK est un mouvement armé (guérilla) indépendantiste kurde actif surtout en Turquie. Le PKK est en opposition armée avec la Turquie depuis 1984. À sa création, il visait l'indépendance des territoires à population majoritairement kurde se situant dans le Sud-Est de la Turquie. À présent, les revendications d'indépendance du PKK se sont muées en demandes d'autonomie au sein d'un système fédéral, d'amnistie pour les rebelles qui leur garantisse une participation à la vie politique, et de libération de leur chef Abdullah Öcalan détenu sur l'île-prison d'Imrali au Nord-Ouest de la Turquie.

QEWL : Énoncé religieux. Transmis de père en fils, les *qewl* font partie d'un savoir réservé aux *şêx* et aux *pîr*.

QÊZÎ : Cheveux de saint. Ces reliques appartiennent à des lignages de *pîr* et de *şêx*. Gardés précieusement dans le *stêr* (ou dans une niche au dessus du *stêr*), ces cheveux ne peuvent être vus (et touchés) que certains jours de l'année après avoir effectué un sacrifice animal.

QURBAN : Littéralement le sacrifice animal. Ce terme a aussi un sens poétique en *kurmanji*, il est un mot doux des mères pour leurs enfants (*qurbana min* : mon sacrifice).

RABIZ : Style musical devenu très populaire dans les années 1990 dans l'Arménie nouvellement indépendante ainsi que dans la diaspora. Le *rabiz* est l'emblème de la musique du nouveau monde capitaliste. Aujourd'hui, la musique de *rabiz* est jouée par des musiciens professionnels (parfois les mêmes que ceux qui jouent dans les funérailles) dans des bars et clubs, ainsi que dans des fêtes tels les mariages. On la trouve aussi dans les shows télévisés et en vente sous forme de CD ou DVD sur les marchés.

RYA TAZE : Village du district d'Aragatsotn, anciennement appelé Gundesaz. Signifiant littéralement « nouvelle voie », Rya Taze est également le nom du journal en langue kurde publié à Érévan depuis la période soviétique.

ROJA EZÎD ou *ROJA EZDIYAN* (littéralement le jour des Yézidis) est célébré autour du solstice d'hiver. On y danse au son de *stran* joués au *zurna* et au *dohol*, ou, plus récemment, chantés par un chanteur professionnel accompagné d'un synthétiseur. Les *stran* au synthétiseur sont dans le style *rabiz* (style musical urbain devenu très populaire dans l'Arménie post-soviétique).

ROJA MEZELA : Jour des tombes, fête des tombeaux. Cette fête calendaire a lieu une à deux fois l'an, lors des équinoxes et solstices d'été.

ŞABÛN : Joie.

SASSOUNTSI : Arméniens originaires de la région de Sassoun (aujourd'hui dans la région de Batman en Turquie). Les Sassountsi sont nombreux dans la région de Talin.

ŞÊX : Mot d'origine arabe, désigne une

personne sainte ou un leader spirituel. Dans la communauté yézidie, ce statut est héréditaire. Ce groupe (comme celui des *pîr* et des *mirîd*) est endogame. Chacun des membres de la communauté, quel que soit le groupe auquel il appartient, est lié à un *şêx* qu'il appelle « mon *şêx* » (*şêxe min*). Les *şêx* désignent de la même manière les *mirîd* auxquels ils sont liés « mes *mirîd* » (*mirîden min*). Les *şêx* ont eux-mêmes un *şêx*. Les *şêx* sont les chefs spirituels de leurs *mirîd*. Ils ont le devoir de les guider spirituellement tout au long de leur vie : ils doivent assister aux fêtes et rituels de ces familles (mariages, décès, fêtes calendaires…), et rendre visite régulièrement à leurs *mirîd*. En échange, les *mirîd* doivent faire des dons à leur *şêx*, la plupart du temps en argent. Le *şêx* joue un rôle important lors de la mort d'un de ses *mirîd*, aidant l'âme (*ruh*) à passer dans l'autre monde.

ŞÎN : Funérailles. *Kilamê ser şînê* : paroles sur les funérailles.

SPOUTNIK : Mot russe signifiant satellite. Dans le contexte yézidi d'Arménie, le mot désigne les antennes paraboliques.

STRAN : Forme vocale ou instrumentale (jouée au *zurna*) qui est mesurée, dansée et associée à la joie. Les *stran* se distinguent, dans la typologie locale, des *kilamê ser*.

STÊR : Chaque maison yézidie a en général un *stêr*, en particulier dans les foyers de religieux (*şêx* et *pîr*). Généralement installé dans la pièce de vie, disposé à l'Est, le *stêr* est une pile de matelas et de couvertures posée sur des pierres ou sur un sommier. Il est recouvert d'un tapis ou d'un drap qui est relevé la nuit. Le *stêr* est très respecté. Il est à la fois une représentation visuelle du foyer et un protecteur des biens du foyer : les Yézidis cachent dans le *stêr* des objets sacrés (*tas, benek*…) ou précieux. Certains *stêr*, en particulier ceux des maisons de *şêx* et de *pîr*, sont des lieux de pèlerinage. Dédiés à un *hurî* ou à l'un des sept anges, ces *stêr* ont alors une spécialité : protéger le bétail, soigner des maladies, etc.

TALIN : Ville, chef lieu d'un district frontalier avec la Turquie.

TAS : Bol ou coupelle en métal comportant parfois des ornementations. Cet objet sacré évoque, pour les Yézidis d'Arménie, la coupe divine. Les *tas* appartiennent à des familles de *şêx* et de *pîr* et ne peut être sortis du *stêr* qu'après un sacrifice animal. Boire de l'eau de cette coupelle soigne de maux divers (en fonction des *tas*). Les *tas* peuvent aussi aider l'arrivée de la pluie.

VOR V ZAKONE (**Вор в законе**) : Signifie littéralement « bandit professant le code ». Il s'agit d'un ordre criminel lié au système carcéral de la période soviétique.

XANÎ : Maison, ou partie ancienne d'une maison. Le *xanî* est la pièce de l'âtre. Par extension, le mot peut désigner l'ensemble de la maison (qui ne comporte bien souvent que la pièce de vie – avec l'âtre – et la pièce des animaux). Jusque dans les années 1950, les maisons étaient construites semi-enterrées et ne comportaient pas de fenêtre murale. Leur toit était un entrelacs de poutres et branchages recouvert de terre sur laquelle poussait de l'herbe en été. La seule ouverture était celle, au plafond, qui laissait sortir la fumée du foyer (*ocax*) et du poêle (*şoba*). Ces maisons comportaient une entrée, une pièce pour les animaux et une pièce de vie (au centre de laquelle se trouvait le poêle). À ces vieilles maisons ont été accolées, dans la période soviétique, des maisons en dur (*mal*) construites en pierres de taille roses apportées de la plaine d'Érévan. Rarement chauffées l'hiver, la partie soviétique des maisons sert surtout l'été. Mais elle est utilisée lors des cérémonies funèbres, les pièces étant plus spacieuses que dans le *xanî*.

XEM : Peine, tristesse.

XÛDÂNE MALE : Protecteur du foyer, le Xûdâne male habite dans le *stêr* et protège la maison et les membres de la maisonnée. C'est une créature invisible (*hurî*) pour l'œil humain. Les Xûdâne Male dépendent du *şêx* qui a la responsabilité des *mirîd* qui habitent le foyer. Par exemple, si le *şêx* d'un foyer est Şêxûbekîr, le Xûdâne Male de ce foyer est lui-aussi Şêxûbekîr. L'expression suivante : « Si tu pries ton *Xudan*, tu pries ton *Xwedê* (Dieu) », montre l'amalgame qui est parfois fait entre le Xûdâne Male et Dieu. (Le mot *Xûdâne Male* est composé de *Xudan* qui signifie le maître de maison, le propriétaire, le protecteur et de *mal*, le foyer. *Xwedê*, Dieu, est phonétiquement proche de *Xudan*. Le parallèle est donc assez simple).

XATUNA FARQA : Protectrice des femmes et des enfants, c'est à elle que les jeunes filles adressent leurs souhaits d'avoir des enfants. Xatuna Farqa est une créature invisible (*hurî*) pour l'oeil humain. Le jour de Xatûna Farqa est le Mercredi. En Arménie, les Yézidis accrochent souvent au dessus du *stêr* une image de la vierge Marie, fréquemment confondue avec Xatûna Farqa. Les Yézidis effectuent parfois des pèlerinages dans les églises arméniennes, allumant une bougie pour la vierge.

XERÎB : Exil. Omniprésent dans les conversations quotidiennes des Yézidis d'Arménie, *xerîb* est lié au sentiment de perte, à l'absence et à la nostalgie profonde.

XIDIRNEBI : Fête calendaire qui a lieu à la mi-février. *Xidirnebi* est une fête carnavalesque lors de laquelle les hommes dansent masqués à la nuit tombée à travers tout le village, rendant visite à chacune des maisonnées.

XÛŞKA AXIRETÊ : En plus du *bira axiretê* (frère de l'autre vie), chaque yézidi peut avoir une *xûşka axiretê* (sœur de l'autre vie) qui peut être choisie parmi les *şêx* ou les *pîr*. Elle aidera le *bira axiretê*, par ses prières, à faire passer l'âme du défunt dans l'autre monde. La *xûşka axiretê* est choisie selon la volonté du *mirîd* dans le lignage de *şêx* ou celui de *pîr* voulu. Si les hommes yézidis peuvent se contenter d'un *bira axiretê*, les femmes yézidies doivent avoir un *bira axiretê* et une *xûşka axiretê*.

XWEDÊ : Dieu.

YÉZIDISME : Religion pratiquée par les Yézidis. Le yézidisme est une religion non prophétique, sans conversion possible. Les Yézidis croient en un Dieu unique ainsi qu'en sept anges principaux qui peuvent périodiquement s'incarner dans des personnalités humaines.

ZAVA : Fiancé, marié.

ZIYARET : Lieu de pèlerinage (de l'arabe : visite). Il peut s'agir d'une source, d'une tombe, d'un arbre, d'un rocher ou du *stêr* d'une famille de *şêx* ou de *pîr.*

ZOZAN : Pâturages estivaux, transhumance estivale (de début mai à fin septembre). Pour les Yézidis d'Arménie, la transhumance estivale a lieu sur les contreforts du mont Aragats (4090 mètres). Cette image, constamment évoquée dans les paroles mélodisées et les *stran*, est associée à la nostalgie.

ZURNA : Hautbois répandu dans le Caucase, dans tout le Proche et Moyen-Orient et dans une partie des Balkans. Il est joué avec le *dohol* (tambour sur cadre biface).

SUMMARY

Among the Yezidis of Armenia, sad thoughts are often narrated in a melodised tone of voice, which the Yezidis call *kilamê ser* ("words about"). Used in ritual contexts (especially funerals) as well as in everyday conversations, *kilamê ser* are the preferred way to express sadness and talk about traumatic events. Always linked to sorrow, death or exile, these utterances differ from normal daily speech (*axavtin*) semantically and poetically; but it is Yezidi's use of vocal intonation in *kilamê ser* that is most striking. Their specific treatment of pitch is what I call melodisation. When I started research among Yezidis, I quickly observed that melodised speech was omnipresent and considered extremely important. It was not only a way to express sad feelings in daily life and at funerals but it was also recorded on mp3 files and distributed in street-markets. Based on fieldwork conducted between 2005 and 2010 in the Yezidi villages of Armenia, this book is an attempt to understand the role played by these enunciations in people's lifes. My particular focus of interest concerns the consecrative status of the words enunciated in this manner, the way in which local typology of voice production is constructed, and Yezidis' experience of an emotional investment in melodized speech.

PART 1

Heroic songs and laments

The first part of the book provides a description of the Yezidis with a focus on the sensitive border-position they hold in post-Soviet Armenia (Chapter I and II). The Yezidis are a *Kurmanji* (Northern Kurdish) speaking religious minority scattered between Northern Iraq, Syria, the Caucasus (Armenia and Georgia) and Western Europe. The largest group lives in Northern Iraq where most of the holy sites are located. The Yezidis living in Transcaucasia fled from Anatolia in several waves, especially during the war of 1828-1829 between Russia and the Ottoman Empire and during the massacres of 1915-1916 that victimed Armenians and Yezidis. The religion, Yezidism, is highly syncretic and probably derives from an ancient Iranian faith akin to Zoroastrism with many elements interwoven in a complex fashion from other belief systems such as Islam, Christianity and Gnosticism. Two striking features of Yezidism are belief in the reincarnation of the Seven Holy Beings (who serve God)[1], and the importance of purity which is expressed in the social order of endogamous groups, and in many taboos concerning food, dress and personal habits[2]. Another specificity of Yezidism is the absence of a holy book : until recently writing was even prohibited. As a consequence, all sacred and secular knowledge is part of an oral tradition and many differences are witnessed in the orthopraxy between Mesopotamian and Transcaucasian Yezidis.

Yezidis from the Caucasus often define themselves as Kurds or Yezidi-Kurds (to differentiate themselves from Muslim Kurds). As *Kurmanji* Kurdish speakers, they share many cultural features with Muslim Kurds from the Caucasus and Anatolia. However, their religion is distinct. Yezidis share with Armenians memories of persecutions perpetrated against them by Muslims in Anatolia and exile towards the Caucasus during the First World War to get Russian protection[3]. This often makes them feel closer to Armenian than to Muslim Kurds. During the Soviet period religious creed was not regarded as a relevant category : as a result, censuses since 1926 designated Yezidis as Kurds, alongside with Muslim Kurds already living in Armenia. Since the fall of the USSR, nationalism increased all over Transcaucasia and led to the Nagorno-Karabakh war (1988-1994). In the newly independent Armenia, the situation was reversed : the word "Kurd" became synonymous with

---

1   The most important of them is Melekê Tawus, the Peacock Angel.
2   The community is constituted in three endogamous groups : two groups of religious leaders (*pîr* and *şêx*) and a group of followers (*mirîd*).
3   In the 19th century, Yezidis were often considered as "devil worshippers" by Muslims and were subject to persecutions. Western Orientalists widely used this nickname in their writings : see for example Ainsworth (1855) and Mingana (1916).

"Muslim" and Kurdish Muslims were perceived as suspect, having much in common with Azeri Turkish Muslims. Therefore Kurds were considered potential allies of the Azeris or Turks and consequently potential enemies of Armenia. The majority of Muslim Kurds living in Armenia fled the country for Azerbaijan during the war. In this anti-Muslim climate, a schism developed between those who considered themselves to be Kurdish and those who saw Kurdishness as implying an Islamic identity. These people wished to claim for Yezidis a separate ethnicity, calling their language not Kurmanji but Ezdîkî. In 2001, the first population census conducted after the fall of the USSR emphasised the dilemma as it was possible to tick only one answer : "Kurd" or "Yezidi". Nowadays, this crucial identity debate divides the community into two groups – Yezidi-Kurds and Yezidis – about to become two nations speaking two different languages.

Chapter III describes the way heroes are commemorated in the community, analyzing how new heroic figures are constructed in post-soviet Armenia. According to the Yezidis, "heroic songs" were at first laments. Both kinds of enunciations are described in the same manner : *kilamê ser* ("words about"). Some are "words about the dead" (*kilamê ser mirya*), others are "words about the hero" (*kilamê ser mêranîê*). A *kilamê ser* performed at the deceased bedside can be remembered and performed outside of the ritual context. This is particularly true in the case of the violent and/or tragic death of a man. But another important way to become a hero is to have a big family (sisters, daughters-in-law, sons, nephews, etc.) and more generally a social network where the life and death will be narrated in melodised speech. Delocalised from the funeral space and time, exemplary "words about the dead" still recall the deceased that gave them birth, but as they spread outside the household and the village, they become more and more autonomous and constituent of a shared Yezidi culture (like epics).

Nowadays a *kilamê ser* performed locally over the deceased may be spread in two manners. First, funerals are filmed by families (and sent to the relatives who live abroad). And secondly, members of rich or influential Yezidi families may have their *kilamê ser* recorded in studios by professional musicians and distributed on compilations of mp3 sold on street-markets in Yerevan and in Russia. This use of new formats (mostly mp3 or video clips) for melodised speech accelerates the autonomisation of melodised speech from a local context. They enable a wider diffusion, thus inscribing this phenomenon in a regional political process.

In the last decade, on the Yezidis' best-of compilations one can find some *kilamê ser* in the memory of soldiers who died in the Karabakh conflict, others for Armenian and Yezidi heroes who died during the battle with the Ottomans in 1918, or even for mafia leaders killed in Moscow or in Far-Eastern Siberia.

PART 2
Sonic and poetic processes for melodised speech

The second part of the book focuses on the performative and pragmatic features of melodised speech. Chapter IV analyses the distinction between melodised speech and song as seen by the Armenian Yezidis. What I call "melodised speech" corresponds to what Yezidis refer to as *kilamê ser*. A literal translation of *kilamê ser* would be "words about (something or someone)". "Words about" are not music. The closest local concept to music is what Yezidis call *stran,* a word directly linked to songs. *Stran* and *kilamê ser* are opposed in many ways in the local conceptualisation.

Stran are always linked to joyful feelings. Performed in weddings or any kind of joyful feast, they usually go along with dance (*govend*). They are mostly sung (by two people or two groups) and follow a responsorial structure. Melodic lines are repeated many times, sung words are generally quite simple and change every two or four melodic lines. The word s*tran* is also used for *zurna* playing. *Zurna* is a small oboe, generally played to the accompaniment of a drum (*dohol*). The melodic line of the *zurna* is always composed of small motifs with a narrow ambitus repeated many times, just like the vocal *stran* but without lyrics.

In the local conceptualization of sound production, *stran* are opposed to *kilamê ser* ("words about…"). *Kilamê ser* are always linked to nostalgia, death, pain and exile. They are performed mostly in funerals or graveyard feasts (*roja mezela*), and may also be inserted in daily conversations when the topic evokes sad memories. Their rhythm is non-isochronic, melodic lines are quite free, but generally follow a descending path. The pitch is lower than in *stran* and the voice less tense. The audience listens carefully to the words pronounced (and people comment about them during the following days). And even if nobody can tell the exact words enunciated by the *duduk*, Yezidis usually consider that the *duduk* has the ability to tell *kilamê ser*.

A non-Yezidi listener would easily qualify both *stran* and *kilamê ser* as music. But Yezidis contend that « melodised speech » and « songs » are two radically different modes of enunciation : they belong to opposing sound registers. According to Yezidis, *stran* only expresses joy. And the only way to express sad feelings is melodised speech. This distinction is not just a matter of vocabulary. It shapes the expression of feelings in the sound realm : it is linked to the calendrical cycle (broadly speaking, summer is the time for enacting *kilamê ser* and winter is the time for performing *stran*) ; and it is also embodied in contrasting postures (*kilamê ser* is performed while seated with slight upper-body swaying, while *stran* is accompanied by dance with fast up-and-down movements). Therefore, *stran* and *kilamê ser* are the enactment of emotions using sound that, in addition to the semantics of the words themselves, set in motion some highly sensitive cognitive processes.

Chapter V provides a description of the uses of melodised speech in funerals, focusing on its performative features. The analysis of the interactions over the deceased revealed the importance of a network of relations. Melodised utterances constantly mention the missing persons, the exiled, the dead, as well as the close family members. Alongside the network of relations, *kilamê ser* is characterised by the extended use of an affective topography, of reported speech, as well as of a set of poetic metaphors. These processes give *kilamê ser* a wide range of possible understandings, thus creating (with the help of melodisation) a poetic space of sadness.

Chapter VI focuses on the way people relate to their narratives of sadness. In daily conversation, variations of pitch and accent indicate to some extent the emotions of the speaker. They may also highlight specific semantic dimensions of the words being said. But in melodised speech the words are moulded into a melodic line pretty much independent of both their meaning and the particular emotional state of the speaker. Indeed, the same melodic patterns are applied to many kinds of traumatic affects ranging from the loss of close relatives to the nostalgia of exile or to the tragic destinies of epic heroes. Hence, pitch and accent variations in the voice no longer reflect the particular shades of a personal experience. From this point of view, intonation is suppressed rather than enhanced. Research on the narration of traumatic events (Argenti-Pillen – 2003 –, Briggs – 1992 –, Grima – 1992 – and Wilce – 1998 –) has shown that the more the speakers are emotionally affected by the events they narrate, the more they use linguistic and pragmatic markers of distance to dissociate themselves from their own narratives. Deeply traumatic events have to be kept away in order to be narrated. This research highlights several distance regulators involved in this process like the extended use of reported speech or specific grammatical features. In this context, melodised speech may well be a different response to a similar need. It may be described as an attempt to disengage oneself from an excessively powerful emotion. If this is so, melodisation would be another distance regulator. But, in addition to being a distance regulator, melodisation seems to enable emotional sharing with the others present (Chapter VI-2).

PART 3
"May I be your sacrifice"

The last part of the book provides an analysis of the role melodised speech plays in people's life. It shows the particular taste that elder people (and particularly women) develop for these enunciations and the consecrative status of the feelings embodied and shared through melodised speech.

Chapter VII focuses on the possible ways of engagement with the utterance. Enunciators may be in a state of mourning and their utte-rance thus reflects their own feelings. This is particularly true of elder women who define themselves as "burning hearts" (*dilşewat*). But this is quite different for professional musicians. When a professional trio is invited to perform in funerals, it is obvious for everyone that their utterances do not reflect their own feelings. However "burning hearts" and professionals use the same performative processes : melodisation, extended use of reported speech, poetic metaphors... They also enact a set of feelings typical of melodised speech such as loss, self-sacrifice, absence, exile and nostalgia. As described in chapters VIII and IX, these feelings are not only lived in the self's subjectivity, but they also enact relationships. The other is always present in *kilamê ser,* which are to be considered not only as "words about", but also as "words towards" the exiled and the dead... In this sense, melodised speech constructs and moulds social relationships as much as they express individual feelings.

As Steven Feld already pointed out (1990), in many cases laments are not to be understood as cathartic performances, but as a "creative 'pulling together' of affect" (257). Among the Yezidis, the grounds for being and living together are often embodied into the experience, at various levels, of shared sufferings. Among the Yezidis of Armenia pain is embodied : (1) in womanhood as "burning hearts", (2) in Yezidi iden-tity as "persecuted by Muslims", (3) in Kurdishness – "We are Kurds because we suffer", and finally, (4) in Armenian-ness and the memory of genocide. Always performed in melodised speech, these multiple levels in the culture of loss and pain reveal a rich aesthetic of suffering in which shared memories are shaped by sounds and poetics.

BIBLIOGRAPHIE

ABRAHAMIAN, Levon, *Armenian identity in a changing world*, California, Mazda Publishers, 2006.

ABU-LUGHOD, Lila, « Islam and the gendered discourses of death », *International Journal of Middle Eastern Studies,* n° 25, 1993, p. 187-205.

AÇIKYILDIZ, Birgül, *Patrimoine des Yezidis : Architecture et « sculptures funéraires » au Kurdistan irakien, en Turquie et en Arménie,* Thèse de doctorat sous la direction de M. Alastair Northedge, Université Paris I (2 tomes), 2006.

AINSWORTH, William Francis, *Travels and researches in Asia Minor, Mesopotamia, Chaldea, and Armenia,* Londres, John W.Parker, West Strand, 1842.

AINSWORTH, William Francis, « On the Izedis, or Devil Worshippers », *Transactions of the Syro-Egyptian Society,* 1855, p. 1-4.

AINSWORTH, William Francis, « The Assyrian Origin of the Izedis or Yezidis – the so-called "Devil Worshippers" », *Transactions of the Ethnological Society,* n° 1, 1861, p. 11-44.

AKÇAM, Taner, *From empire to republic : Turkish nationalism and the Armenian genocide,* Londres, Zed Books, 2004.

AKIN, Salih, « Discours rapporté et hétérogénéïté discursive en Kurde », *Faits de langue,* n° 19, 2002, p. 71-84.

ALEXIOU, Margaret, *The ritual lament in Greek tradition,* Cambridge, Cambridge University Press, 1974.

ALLISON, Christine, et KREYENBROEK, Philip G., (édit.) *Kurdish culture and identity,* London, Zed, 1996.

ALLISON, Christine, *The Yezidi oral tradition in Iraqi Kurdistan,* London, Curzon Press, 2001.

AMIR-MOEZZI, Mohammad Ali, *The divine guide in early Shi'ism : The sources of esotericism in Islam.* Traduction de David Streight. New-York, State University of New York Press, 1994.

AMY DE LA BRETÈQUE, Estelle, *Molokanes de Transcaucasie : survie d'une identité.* Mémoire de maîtrise, sous la direction de A.Epelboin, Université Paris VIII, 2002.

AMY DE LA BRETÈQUE, Estelle, *Lamentations de femmes kurdes déplacées : les chemins de l'identité kurde en Turquie aujourd'hui.* Mémoire de DEA, sous la direction de R.Martinez, Université Partis VIII, 2004.

AMY DE LA BRETÈQUE, Estelle, « Femmes mollah et cérémonies de deuil en Azerbaïdjan », *Cahiers de musiques traditionnelles* n° 18, 2005, p. 51-66.

AMY DE LA BRETÈQUE, Estelle, « Chants pour la maisonnée au chevet du défunt : la communauté et l'exil dans les funérailles des Yézidis d'Arménie », *Frontières,* n° 20-2, 2008 p. 60-66.

AMY DE LA BRETÈQUE, Estelle, *La passion du tragique. Paroles mélodisées chez les Yézidis d'Arménie,* Thèse de doctorat en ethnologie/ethnomusicologie, sous la direction de R. Jamous, Université Paris Ouest Nanterre la Défense, 2010.

AMY DE LA BRETÈQUE, Estelle, « Des affects entre guillemets : Mélodisation de la parole chez les Yézidis d'Arménie », *Cahiers d'ethnomusicologie* n° 23, 2010a, p. 133-147.

AMY DE LA BRETÈQUE, Estelle, « Le pleur du *duduk* et la danse du *zurna.* Essai de typologie musicale des émotions dans le calendrier rituel Yézidi », *La Voix Actée : pour une nouvelle ethnopoétique,* édit. C.Calame, F.Dupont, B.Lortat-Jacob, M.Manca, Paris, Kimé 2010b, p. 175-194.

AMY DE LA BRETÈQUE, Estelle, et STOICHIȚĂ, Victor A., « Musics of the New Times. Romanian *Manele* and Armenian *Rabiz* as icons of Post-communist changes », *The Balkans and Caucasus. Parallel processes an the opposite sides of the Black Sea,* édit. I.Biliarsky et O.Cristea, Cambridge, Cambridge Scholars Publishers, 2012, p. 321-335.

AMY DE LA BRETÈQUE, Estelle, et BILAL, Melissa, « The *Oror* and the *Lorî :* Armenian and Kurdish lullabies in present-day Istanbul », *Remembering the past in Iranian cultures.* édit. P.G. Kreyenbroek et C. Allison, Wiesbaden, Harrassowitz Verlag, 2013 (sp).

ANDREESCO, Ioana, et BACOU, Mihaela, *Mourir à l'ombre des Carpathes,* Paris, Payot, 1986.

ANDREESCO, Ioana, et BACOU, Mihaela, « Le chant des Aubes : rituel funéraire roumain », *Cahiers de Littérature Orale* n° 27, 1990, p. 43-76.

ANDREESCO, Ioana, « Magie et destin ou de l'inconvénient de vivre à deux (Roumanie) », *Cahiers de Littérature Orale* n° 34, édit. G.Calame-Griaule, 1993, p. 77-94.

ANDREWS, Walter, *Poetry's voice, society's song : Ottoman lyric poetry.* Seattle, University of Washington Press, 1984.

BRYM, Robert J., & ARAJ, Bader, « Suicide bombing as strategy and interaction : The case of the second intifada », *Social Forces,* n° 84/ 4, 2006, p. 1969-1986.

ARAKELOVA, Victoria, « Healing practices among the Yezidi sheikhs of Armenia », *Asian Folklore Studies,* n° 60, 2001, p. 319-328.

ARGENTI-PILLEN, Alexandra, *Masking Terror. How women contain violence in Southern Sri Lanka, Philadelphia,* Pennsylvania University Press, Ethnography of Political Violence Series, 2002.

ARIÈS, Philippe, *L'homme devant la mort*, Paris, Seuil, livre I, 1977.

ARISTOVA, Tatiana Fedorovna, *Курды Закавказья : историко-этнографический очерк, (Les Kurdes de Transcaucasie : une approche historico-ethnographique)*, Moscou, Nauka, 1966.

ARNAUD-DEMIR, Françoise, « Quand passent les grues cendrées… Sur une composante chamanique du cérémonial des Alévis-Bektachis », *Turcica,* n° 34, 2002, p. 39-67.

AUERBACH, Susan, « From singing to lamenting : Women's musical role in a Greek village », *Women and Music in a cross cultural perspective*, New York, Ellen Koskoff, Greenwood Press, 1987, p. 25-45.

AYDOĞAN, Ibrahim, *Temps, subordination et concordage de temps dans le roman kurde*, thèse de doctorat, Université de Rouen, 2006.

BAGDER, George Percy, *Nestorians and their Rituals*, t. 2, Londres, Joseph Masters, 1852.

BAKHTINE, Mikhaïl, *Le marxisme et la philosophie du langage –Essai d'application de la méthode sociologique en linguistique*, Paris, Minuit, 1977.

BENNINGSEN, Alexandre et WIMBUSH, Enders S., *Mystics and comissars, Sufism in the Soviet Union*, Londres, C.Hurst & Co., 1985.

BERTHOMÉ, François, et HOUSEMAN, Michael, « Ritual and emotions : moving relations, Patterned effusions », *Religion and Society : Advances in Research* n° 1, 2010, p. 57-75.

BLACKWELL, Alice Stone, *Armenian poems (Rendered into English verse)*, Boston, Roberts Brothers, 1896.

BLOCH, Maurice, « La mort et la conception de la personne », *Terrain* n° 20, 1993, p. 7-20.

BONINI-BARALDI, Filippo, « All the pain and joy of the world in a single melody : A Transylvanian case study on musical emotion », *Music Perception*, n° 26-3, 2009, p. 257-261.

BONINI-BARALDI, Filippo, *L'émotion en partage. Approche anthropologique d'une musique tsigane de Roumanie*, thèse de doctorat sous la direction de B. Lortat-Jacob, Université Paris Ouest la Défense, 2010.

BONINI-BARALDI, Filippo, « "C'était toi ma pitié !" Le discours pleuré dans les veillées funéraires tsiganes – Transylvanie », *La Voix Actée : pour une nouvelle ethnopoétique*, édit. C.Calame, F.Dupont, B.Lortat-Jacob, M.Manca, Paris, Kimé, 2010a, p. 211-228.

BOYAJIAN, Zabelle C., *Armenian legends and poems*, Londres, J.M. Dent and sons LTD, 1916.

BOZARSLAN, Hamit. *Une histoire de la violence au Moyen-Orient : de la fin de l'Empire Ottoman à Al-Qaida,* Paris, La Découverte, 2008.

BOZARSLAN, Hamit, *Violence in the Middle East : From political struggle to self-sacrifice*. Princeton, Markus Wiener Pub, 2004.

BRAILOIU, Constantin,« Les chants du mort », *Mesures*, Paris, 1937, (reéd. Charlot, Paris, 1947).

BRAILOIU, Constantin,« Notes sur la plainte funéraire de Dragus », *Les hommes et la mort : Rituels funéraires à travers le monde,* édit. J. Guiart, Paris, Le Sycomore, 1979.

BRIANT, Pierre, « Brigandage, dissidence et conquête en asie achéménide et hellénistique », *Dialogues d'histoire ancienne.* t. 2, 1976, p. 163-258.

BRIGGS, Charles L., « "Since I am woman I will chastize my relatives : Gender, reported speech, and the (re)production of social relations in Warao women's ritual wailing », *American Ethnologist* n° 19, 1992, p. 337-361.

BRIGGS, Charles L., « Personal sentiments and polyphonic voices in Warao women's ritual wailing », *American Anthropologist* n° 95, 1993, p. 929-957.

BRIGGS, Charles L., « Mediating infanticide : Theorizing relations between narrative and violence ». *Cultural Anthropology,* n° 22-3, 2007, p. 315-356.

BRUNNBAUER, Ulf, et PICHLER, Robert, « Mountains as "lieux de mémoire" Highland Values and Nation-Building in the Balkans », *Balkanologie* n° 6 (1-2), 2002, p. 77-100.

BUCHANAN, Dona, (édit.) *Balkan Popular Culture and the Ottoman Ecumene : Music, Image, and Regional Political Discourse.* Europea : Ethnomusicologies and Modernities, n° 6, The Scarecrow Press, Inc., 2007.

CALAME-GRIAULE, Geneviève, « "Prends ta houe, frère". Chant funéraire dogon », *Cahiers de Littérature Orale* n° 27, 1990, p. 77-88.

CARAVELI-CHAVES, Anna, « Bridge between worlds. The Greek women's lament as communicative event », *Journal of American Folklore,* n° 93, 1980, p. 129-157.

CARAVELI-CHAVES, Anna, « The bitter wounding : The lament as a social protest in rural Greece », *Gender and Power in rural Greece*, Princeton, Princeton University Press, 1986, p. 169-195.

CASAJUS, Dominique (édit.), *L'excellence de la souffrance, Systèmes de pensée en Afrique noire,* n° 17, Paris, 2005.

CASAJUS, Dominique, « L'homme qui souffre et l'esprit qui crée », *L'excellence de la souffrance, Systèmes de pensée en Afrique noire,* n° 17, Paris, 2005a, p. 25-50.

CEWARÎ, Nure, Странед К'öрдайə шьмə'тйе (*Chants populaires kurdes*), Érévan, Akademia Nauk, 1983.

CHAMPAULT, Dominique, « Le voyage nocturne : Notes sur la mort au Proche-Orient et au Maghreb », *Les hommes et la mort, Rituels funéraires à travers le monde,* édit. J. Guiart, Paris, Le Sycomore, 1979.

CLER, Jérôme, *Musiques de Turquie*, Paris, Cité de la musique/Actes Sud, 2000.

CONOMOS Dimitri E., *Byzantine trisagia and cherubika of the fourteenth and fifteenth centuries : a study of late Byzantine liturgical chant.* Thessalonike, Patriarchal Institute for Patristic Studies, 1974.

COURTHIADE, Marcel, « La pratique des lamentations des Rom de Tirana », *Lamentations funéraires*, Paris, 1996, p. 101-111.

CZECHOWSKI, Nicole, et DANZIGER, Claudie, *Deuils : vivre, c'est perdre*, Paris, Autrement, 1992.

DANIEL, Odile, « Les lamentations en Albanie », *Cahiers balkaniques* n° 22, édit. B.Lory, Paris, 1996, p. 129-134.

DANFORTH, Loring, *The death rituals of rural Greece.* Princeton, Princeton University Press, 1982.

DELANEY, Carol, *The seed and the soil : Gender and cosmology in Turkish village society*, California, University of California Press, 1991.

DELAPORTE, Hélène, « Des rituels funéraires à la fête patronale : les miriloyia, lamentations vocales et instrumentales de l'Epire », *Frontières* n° 20-2, 2008, p. 55-59.

DELAPORTE, Hélène, « De l'enterrement à la fête, parcours d'un texte funèbre en Épire. Grèce », *La Voix Actée. Pour une nouvelle ethnopoétique*, édit. F.Dupont, C.Calame, B.Lortat-Jacob et M.Manca, Kimé. Paris, 2010, p. 195-210.

DEMEULDRE, Michel, *Sentiments doux-amers dans les musiques du monde*, Paris, L'Harmattan, 2004.

DERHEMI, Eda, « New Albanian immigrants in the old Albanian diaspora : Piana degli Albanesi », *Journal of Ethnic and Migration Studies*, n° 29(6), 2003, p. 1015-1032.

DE VITRAY-MEYERROVITCH, Eva, *Rûmî et le Soufisme*, Paris, Seuil, 1977.

DJINDI, Adjie, *Фолклора Кӧрманщие – Бэрэвок (Folklore kurde – recueil)*, Érévan, Aïpetrat, 1957.

DJINDI, Adjie, *Шахед эпоса « Р'остэме Залэ » к'ӧрди (Rostame Zal, récit épique kurde)*, Érévan, Académie des Sciences, 1977.

DIMITRIJEVIC-RUFU, Dejan, « Chants pour le passage dans l'autre monde et lamentations », *Cahiers balkaniques*, n° 22, édit. B.Lory, Paris, 1996, p. 113-128.

DOUBLEDAY, Veronica, *Three women of Herat.* Londres, Jonathan Cape, 1988.

EGIAZAROV, Solomon Adamovitch, « Краткий этнографический очерк курдов Эриванской губернии » (Courte ethnographie des Kurdes du district d'Érévan), *Записки Кавказского отделения императорского Русского географического общества*, (*Notes de la section caucasienne de la société impériale russe de géographie*). Livre XIII, t. 2, Tbilissi, 1891.

EFENDIEVA, Rena, *Традиционная погребально-поминальная обрядность азербайджанцев : конец 19ово-начало 20ово века (Rituels funéraires et rituels de commémoration des azerbaïdjanais de la fin du XIXᵉ et du début du XXᵉ siècle)*, Bakou, Agrygaz, 2001.

FAETA, Francesco, « La mort en images », *Terrain,* n° 20, 1993, p. 69-81.

FARKHADOVA, Sevil Tagi, Обрядовая музыка азербайджана : на примере траурных песнопений и свадебных песен *(La musique rituelle d'Azerbaïdjan : exemple des chants funéraires et de mariage)*, Bakou, Elm, 1991.

FELD, Steven, *Sound and sentiment. Birds, weeping, poetics, and songs in Kaluli expression*, Philadelphia, University of Pennsylvania Press, 1982.

FELD, Steven, « Wept thoughts : The voicing of Kaluli memories », *Oral Tradition,* n° 5/2-3, 1990, p. 241 266.

FELD, Steven, et FOX, Aaron A., « Music and Language », *Annual Review of Anthropology,* n° 23, 1994, p. 25-53.

FLICHE, Benoît, « Compte rendu de colloque "Ghurba/gurbet : variations autour de l'exil" », Institut d'études de l'islam et des société du monde musulman (IISMM) et le Centre d'histoire du domaine turc (EHESS), 17 novembre 2003, *Labyrinthe* n° 17, 2004, p. 127-129.

FLICHE, Benoît, « Le nomade, le saisonnier et le migrant. Une culture de la mobilité en Anatolie centrale ? », *Études rurales* n° 117 – Territoire rural : pratiques et représentations, 2006, http://etudesrurales.revues.org/document3356.html

FOUCAULT, Michel, « *Des espaces autres* » (conférence au Cercle d'études architecturales de 1967), *Architecture, Mouvement, Continuité*, n° 5, octobre 1984, p. 46-49.

GAMMER, Moshe, (édit.) *Ethnomationalism, Islam and the State in the Caucasus : post-Soviet disorder*, Londres, Routledge, Central Asian Studies Series, 2008.

GALAL, Mohamed, « Des rites funéraires en Egypte actuelle », *Revue d'Etudes Islamiques*, 1937, p. 135-285.

GRANET, Marcel, « Le langage de la douleur, d'après le rituel funéraire de la Chine classique », *Journal de psychologie normale et pathologique* : n° 2, 1922, p. 97-118.

GRIMA, Benedicte, *The performance of emotion among Paxtun Women. « The misfortune wich have befallen me »,* New-York, Oxford University Press, 1992.

GUEST, John S., *Yezidis : a study in survival*, Londres, KPI Limited, 1987.

GUIART, Jean, édit. *Les hommes et la mort Rituels funéraires à travers le monde,* Paris, Le Sycomore, 1979.

HÂFEZ (de Chiraz), *Le divân,* traduit par Charles-Henri de Fouchécour, Paris, Verdier, 2006.

HENNION, Antoine, *La Passion musicale. Une sociologie de la médiation*, Paris, Métaillé, 1993, 2° édition, 2007.

HERNDON, Marcia, et ZIEGLER, Susanne, (édit.) *Music, gender and culture*, Wilhelmshaven, Florian Noetzel Verlag, 1990.

HERZFELD, Michael, *The Poetics of Manhood*, Princeton, Princeton University Press, 1985.

HOBSBAWM, Eric, *Bandits*, Londres, Weidenfeld & Nicolson, 1969.

HOLLINGER, Roland, *Les musiques à bourdons, Vielles à roue et cornemuses*, Paris, La Flûte de Pan, 1982.

HOLST-WARHAFT, Gail, *Dangerous Voices : Women's laments and Greek literature*, Londres, Routledge, 1992.

HOLST-WARHAFT, Gail, « The female Dervish and Other Shady Ladies of the Rebetika », *Music and gender : Perspectives from the Mediterranean*, édit. T.Magrini, Chicago, University of Chicago Press, 2003.

HOLST-WARHAFT, Gail, « Remembering the dead : Laments and photographs », *Comparative Studies of South Asia, Africa and the Middle East,* n° 25, 2005, p. 152-160.

HOUSEMAN, Michael, « Relationality », *Theorizing rituals. Classical topics, theoretical approaches, analytical concepts, annotated bibliography*, édit. J. Kreinath, J. Snoek, et M. Strausberg, Leiden, Brill, 2006, p. 413-428.

HOVANNISIAN, Richard G., (édit.) *The Armenian genocide : history, politics, ethics*, New-York, Palgrave Macmillan, 1992.

HRISTOV, Petko, « Mobilités du travail (*gurbet*), stratégies sociales et familiales : Une étude de cas dans les Balkans centraux », *Balkanologie*, n° 11/1-2, mis en ligne le 31 décembre 2008. URL : http://balkanologie.revues.org/index912.html. Consulté le 16 juin 2010.

JANKELEVITCH, Vladimir, *L'Irréversible et la nostalgie*, Paris, Flammarion, 1974 (2de éd 1983).

JEFFEREY, Peter, *Re-Envisioning Past Musical Cultures. Ethnomusicology in the Study of Gregorian Chant*, Chicago, The University of Chicago Press, 1992.

JELÎL, Ordîxan, et JELÎL, Jelîlê, *Zargotina K'urda (Folklore kurde)* Moscou, Nauka, 2 tomes, 1978.

KAEPPLER, Adrienne L., Poetics and politics of Tongan laments and eulogies, *American Ethnologist*, n° 20-3, 1993, p. 474-501.

KANAKIS, Yiannis, « Chanter la nation », *Outre Terre Revue française de géopolitique* n° 10, Paris, Eress, 2005, p. 361-373.

KASIMIS, Charalambos, PAPADOPOULOS, Apostolos G., et ZACOPOULOU, Ersi, « Migrants in rural Greece », *Sociologia Ruralis*, n° 43-2, 2003, p. 167-184.

KEVORKIAN, Raymond, *Le Génocide des Arméniens*, Paris, Odile Jacob, 2006.

KHOURI, Nagib, *Le feu et la cendre : travail de deuil et rites funéraires dans un village libanais*, Paris, L'Harmattan, 1993.

KURDOEV, Kanat K., *Курдско-русский словарь* (*Dictonnaire kurde-russe)*, Moscou, Akademia nauk, 1960.

KREYENBROEK, Philip G., *Yezidism – its background, observances and textual tradition*, New-York, Lewiston, 1995.

KREYENBROEK, Philip. G., et RASHOW, Khalil Jindy, *God and Sheikh Adi are perfect. Sacred poems and religious narratives from the Yezidi tradition*, Wiesbaden, Harrassowitz Verlag, 2005.

LAYARD, Austen Henry, *Nineveh and its remains*, 2 vols, Londres, Spottiswoode and Shaw, 1849.

LEKKAS, Demetrios E., « Double-Edged Knife : Dualities in contemporary Greek Song and the Genius of Manos Hadjidadis », *Sentiments doux-amers dans les musiques du monde,* édit. M.Demeuldre, Paris, l'Harmattan, 2004, p. 179-190.

LORAUX, Nicole, *La voix endeuillée. Essai sur la tragédie grecque.* Paris, Gallimard, 1999.

LOSONCZY, Anne-Marie, « Le deuil de soi. Corps, ombre et mort chez les Négro-colombiens du Choco », *Cahiers de Littérature Orale* n° 27, 1990, p. 113-136.

LOURENÇO, Edouardo, « Saudade : délectation morose ? » *Sentiments doux-amers dans les musiques du monde*, édit. M.Demeuldre, Paris, L'Harmattan, 2004, p. 215-216.

MADYTE (DE), Chrysanthe, (Χρύσανθος ο εκ ΜΑΔΥΤΩΝ) Εισαγωγή εις το θεωρητικὸν και πρακτικὸν της εκκλησιαστικής μουσικής και Θεωρητικὸν μέγα της μουσικής – « Οκτώηχος » *(Introduction à la théorie et la pratique de la musique ecclésiastique et Grand manuel de théorie musicale – « Oktoechos »)*, *Paris, Rigny,* 1821.

MAYEUR-JAOUEN, Catherine, édit. *Saints et Héros du Moyen-Orient contemporain*, Paris, Maisonneuve & Larose, 2003.

MARKOFF, Irène, « Music, saints and ritual : Sama' and the Alevis of Turkey », *Manifestations of Sainthood in Islam.* ed. G.M.Smith et C.W. Ernst, Istanbul, The Isis Press, 1993, p. 95-110.

MAZO, Margarita, « Lament made visible : A study of paramusical elements in Russian Lament », *Themes and Variations,* édit. B.Yung et J.Lam, Harvard College & Chinese University of Honk Kong, 1994, p. 164-211.

MCDONALD, David A., « Poetics and the performance of violence in Israel/ Palestine », *Ethnomusicology* n° 53-1, 2009, p. 59-85.

MERLIN, Aude, « Nationalisme ethnique et projets de partition au Nord-Caucase », *Cahiers d'Etudes sur la Méditerranée Orientale et le monde Turco-Iranien* [En ligne], 34 | 2002, consulté le 03 juillet 2012. URL : http://cemoti.revues.org/749

MESNIL, Marianne, « Revenants et sorciers : entre vie et mort, croyances, rites et récits de Roumanie », *Cahiers de Littérature Orale* n° 27, édit. I.Andreesco, 1990, p. 175-194.

MEYER, Leonard B., *Emotion and meaning in music*, Chicago, University of Chicago Press, 1956.

MINGANA, Alphonse, « Devil worsippers : their beliefs and their Sacred Books », *JRAS*, 1916, p. 505-526.

MIR-HOSSEINI, Ziba, « Faith, Ritual and culture among Ahl-e Haqq », *Kurdish Culture and Identity*, édit. P.G.Kreyenbroek et C.Allison, Londres, Zed Books, 1996.

MOMEN, Moojan, *An introduction to Shi'i Islam : The history and doctrines of Twelver Shi'ism*. New Haven, Yale University Press, 1985.

MORIN, Edgar, *L'homme et la mort*, Paris, Seuil, 1970.

MOULLÉ, François, « *L'alimentation en montagne* », (édit. Gilles Boëtsch et Annie Hubert) : *Espace populations sociétés*, 2008/1, mis en ligne le 16 juillet 2009, consulté le 16 juin 2010. URL : http://eps.revues.org/index2469.html

MOURADIAN, Claire, *L'Arménie*, Presses Universitaires de France, 3° ed., col. Que sais-je ?, 2002.

NATTIEZ, Jean Jacques, *Musicologie générale et sémiologie*, Paris, Christian Bourgeois, 1987.

NAYLOR, Robin T., *Wages of crime : Black markets, illegal finance, and the underworld economy*, Ithaca, Cornell University Press, 2002.

NICOLAS, Michèle, *Croyances et pratiques populaires turques concernant les naissances (région de Bergama)*, Paris, Publications Orientalistes de France, 1972.

NIKITINE, Basile, *Les Kurdes : étude sociologique et historique*, imprimerie nationale, Paris, Librairie C. Klincksieck, 1956.

NKETIA, Joseph H., *Drumming in Akan communities of Ghana*. Legon-Toronto, University of GHana/Thomas Nelson, 1963.

OMERXALÎ, Xanna, *Ezdiyatî*, Istanbul, Avesta, 2007.

PAIS DE BRITO, Joaquim, « Motifs de tristesse », *Sentiments doux-amers dans les musiques du monde*, édit. M.Demeuldre, Paris, L'Harmattan, 2004, p. 217-222.

PACHAEVA, Lamara B., « Религиозно-кастовые запреты в браке у Курдов-Езидов Грузии в прошлом » [Prohibitions religieuses et de caste dans les mariages des Kurdes yézidis de part le passé], *Кавказский этнографический сборник VII (Recueil ethnographique du Caucase VII)*, édit. M.V.Kantaria. Tbilisi, Metsniereba, 1988, p. 115-155.

PASQUALINO, Caterina, « La souffrance des chanteurs Gitans flamencos (Andalousie, Espagne) », *Sentiments doux-amers dans les musiques du monde*, édit. M.Demeuldre, Paris, l'Harmattan, 2004, p. 117-126.

PERDRIZET, Paul, « Documents du XVIIᵉ siècle relatifs aux Yézidis », *Bulletin de la Société de Géographie de l'Est*, 1903, p. 297-306, 429-445.

PÉRUCHON, Marion, (édit.) *Rites de vie, rites de mort : les approches rituelles et leurs pouvoirs, une approche transculturelle*. Paris, ESF, 1997.

PERRIN, Hélène, « La Jurt Qara Üi et le deuil chez les Kazakh et les Kirghiz », *Les Ottomans et la mort : permanences et mutations*, édit. G.Veinstein, Leiden, Brill, 1996, p. 57-72.

PITCHER, Linda M., « "The Divine Impatience" : Ritual, narrative, and symbolization in the practice of martyrdom Palestine ». *Medical Anthropology Quarterly,* n° 12-1, 1998, p. 8-30.

POPOVIC, Alexandre, et VEINSTEIN, Gilles, (édit.) *Les voies d'Allah. Les ordres mystiques dans le monde musulman des origines à aujourd'hui*, Paris, Fayard, 1996.

REIG, Daniel, (dir.) *Dictionnaire arabe/français, français/arabe*, Paris, Larousse As-Sabil, collection Saturne, 1983.

RAPPOPORT, Dana, *Chants de la terre aux trois sangs : musiques rituelles des Toraja de l'île de Sulawesi (Indonésie)*, livre-dévédérom multilingue, Paris, Édition de la Maison des sciences de l'homme, 2011.

REINHARD, Ursula, « The veils are lifted. Music of Turkish women ». *Music, Gender and Culture*, édit. M.Herndon et S.Ziegler, Wilhelmshaven, Florian Noetzel Verlag, 1990, p. 101-114.

RIASANOVSKY, Nicholas V., *Histoire de la Russie (Des origines à 1996)*, Paris, Robert Laffont, 1996.

RIBEYROL, Monette « Documents recueillis dans des groupes bulgares et macédoniens (1968-1974) », *Les hommes et la mort. Rituels funéraires à travers le monde* édit. J. Guiart, Le Sycomore, Paris, 1979, p. 49-57.

RICHARD, Yann, *L'Islam Chii'te : croyances et idéologies*, Paris, Fayard, 1991.

RIEGEL, Martin, PELLAT, Jean-Christophe, RIOUL, René, *Grammaire méthodique du français*, 3e ed., Paris, Presses Universitaires de France, 2004.

RIVOAL, Isabelle, *Les maîtres du secret. Ordre mondain et ordre religieux dans la communauté druze en Israël,* Paris, ed. de l'Ehess, 2000.

RUDENKO, Margarita Borissovna, « Курдские лирические песни "dilokê xerîbîyê" и их связь с погребальным обрядом » (« Les chansons lyriques kurdes *"dilokê xerîbîyê"* et leurs liens avec le rituel funèbre »), *Письменные памятники и проблемы истории культуры народов Востока* (*Mémorials écrits et problèmes d'histoire des cultures des peuples de l'Orient*), Tome 9, Moscou, Akademia Nauk, 1973, p. 112-115.

RUDENKO, Margarita Borissovna, *Курдская обрядовая поэзия (La poésie rituelle kurde)*, Moscou, Nauka, 1982.

SERDAR, Emerîk, « Курды Армении », *Национальности Армении* (« Les Kurdes d'Arménie », *Nationalités d'Arménie*), Érévan, 1998.

SERDAR, Emerîk, *Свадьбу сыграли дважды (La noce a eu lieu deux fois)*, Érévan, VMV-Print, 2005.

SARTRE, Jean-Paul, *L'imaginaire*, Paris, 1940 (éditions Flammarion 1982).

SAVVIDOU, Ioanna, « Chanter la mort-Renverser l'oubli », *Cahiers balkaniques* n° 22, édit. B. Lory, Paris, 1996, p. 159-174.

SEREMETAKIS, Nadia C., *The last word : Women, death and divination in Inner Mani*, Chicago, The University of Chicago Press, 1991.

SIKE (de), Yvonne, et HUTTER, Muriel, « Le chant du destin : Quelques aspects de la conception de la mort en Grèce à travers les mirologues », *Les hommes et la mort. Rituels funéraires à travers le monde*, édit. J. Guiart, Le Sycomore, Paris, 1979, p. 59-71.

SPÄT, Eszter, *The Yezidis*, Londres, Saqi, 2005.

SPERBER, Dan, *Le symbolisme en général*, Paris, Hermann, 1974.

STEWART, Michael, « Mauvaises morts, prêtres impurs et pouvoir récupérateur du chant. Les rituels mortuaires des Tsiganes de Hongrie », *Terrain*, n° 20, 1993, p. 21-36.

STOICHIȚĂ, Victor A., *Fabricants d'émotions : Musique et malice dans un village tsigane de Roumanie*, Paris, Société d'ethnologie, collection Hommes et Musiques, 2008.

STOICHIȚĂ, Victor A., « Quand la mélodie ruse. L'enchantement musical et ses acteurs ». *Humains non-humains. Comment repeupler les sciences sociales*, Paris, La Découverte, 2011, p. 311-322.

STOICHIȚĂ, Victor A., « The boyar in the helicopter. Parody and irony in Romanian popular music », *Yearbook of the New Europe College*, 2009-2010, Bucarest, 2013 (sp).

STOKES, Martin, *The Arabesk Debate : Music and Musicians in Modern Turkey*, Oxford, Clarendon Press, 1992.

STOKES, Martin, *The Republic of Love : Cultural Intimacy in Turkish Popular Music*, Chicago, Chicago University Press, 2010.

SVENBRO, Jesper, « Le mythe d'Ajax : entre aietos et aiai », *Mythe et mythologie dans l'antiquité gréco-romaine*, n° 82, 2004, p. 154-173.

SWEETNAM, Denise L., *Kurdish culture : A cross-cultural guide*, Bonn, Verlag für Kultur und Wissenschaft, 1994.

TER-MINASSIAN, Anahide, *Histoires croisées : Diaspora, Arménie, Transcaucasie (1890-1990)*, Marseille, Parenthèses, 1997.

THOMAS, Louis-Vincent, *Anthropologie de la mort*, Paris, Payot, 1975.

THOMAS, Louis-Vincent, *Rites de mort (pour la paix des vivants)*, Paris, Fayard, 1985.

THOMAS, Louis-Vincent, « Mort et oralité en Afrique noire », *Cahiers de Littérature orale* n° 27, 1990, p. 13-42.

URBAN, Greg, *A discourse-centered approach to culture : Native South American myths and rituals*, Austin, University of Texas Press, 1991.

URBAN, Greg, « Ritual wailing in Amerindian Brazil ». *American Anthropologist,* n° 90-2, 2007, p. 385-400.

TOLBERT, Elizabeth D., « Women cry with words : Symbolization of affect in the Karelian lament », *Yearbook for Traditional Music,* n° 22, 1990, p. 80-105.

VAULAY, David, « Musique et funérailles chez les dàgàrà-lòbr du Burkina Faso », *Frontières,* n° 20-2, 2008, p. 49-54.

VOLKOV, Vadim, *Violent entrepreneurs : The use of force in the making of Russian capitalism,* Ithaca, Cornell University Press, 2002.

VRINAT, Marie, « Les lamentations funèbres en Bulgarie », *Cahiers balkaniques,* n° 22, édit. B.Lory, Paris, 1996, p. 135-158.

WESTERMARCK, Edward, *Ritual and belief in Marocco,* London, MacMilla, 2 tomes, 1926.

WILCE, James M., *Crying Shame. Metaculture, modernity, and the exaggerated death of lament,* Oxford, Wiley-Blackwell, 2009.

WILCE, James M., *Eloquence in trouble : The poetics and politics of complaint in rural Bangladesh.* New-York : Oxford University Press, 1998.

XANTHAKOU, Margarita, « Discours d'outre-tombe : le langage du miroloï », *Cahiers de Littérature Orale,* n° 27, édit. I.Andreesco, 1990, p. 137-162.

YALÇIN-HECKMANN, Lale, « Remembering the dead and the living of the "Kolkhoz" and "Sovkhoz" : Past and present of gendered rural life in Azerbaijan ». *Ab Imperio,* n° 2, 2005, p. 425-440.

ZEMP, Hugo, « Paroles de balafon », *L'homme,* n° 171-172, 2004, p. 313-332.

ARNOT, Robert, (trad.) (Anonyme) *Armenian Literature* (Comprising Poetry, Drama, Folklore, and Classical Traditions), 1904.

INDEX DES NOMS DE PERSONNES

Cet index recense les noms de personnes dans leur forme la plus usuelle pour les Yézidis et tels qu'ils sont employés dans le présent ouvrage. Les énonciateurs et énonciatrices en contexte villageois sont ainsi désignés par leur seul prénom, leur nom de famille n'étant presque jamais utilisé.

INDEX DES LIEUX ET INSTITUTIONS

INDEX DES THÈMES ET DES NOTIONS

INDEX DES DOCUMENTS
CONSULTABLES EN LIGNE

Les documents sont consultables sur le site de la société française d'ethnomusicologie à l'adresse *www.ethnomusicologie.fr/parolesmelodisees*. Ils sont référencés dans le texte sous le sigle « doc. » et sont numérotés selon leur ordre d'apparition.

à Moscou. Chanteur : Alixanê Reşo. [Source : enregistrement de la famille de Çeko, confié à l'auteur sur une cassette VHS en 2006]. 49, 50.

Document 12 : *Kilamê ser* énoncé par Feyzo. [Source : enregistrement de l'auteur, Massis, septembre 2006]. 53.

Document 13 : *Kilamê ser* énoncé par Feyzo. [Source : enregistrement de l'auteur, Massis, septembre 2006]. 53.

Document 14 : *Kilamê ser* énoncé par Feyzo. [Source : enregistrement de l'auteur, Massis, septembre 2006]. 53.

Document 15 : *Kilamê ser* narrant le violent tremblement de terre de 1989 dans la région de Spitak. Énoncé par Roma. [Source : enregistrement de l'auteur, Sipan, septembre 2006]. 53, 178.

Document 16 : *Kilamê ser* à la mémoire du beau-frère d'Îskan, mort lors de la bataille de Camuşvan. Énoncé par Binbaş. [Source : enregistrement de l'auteur, Alagyaz, septembre 2006]. 53.

Document 17 : *Kilamê ser* sur la mort de Nazil. Énoncé par Binbaş. [Source : enregistrement de l'auteur, Alagyaz, septembre 2006]. 53.

Document 18 : *Kilamê ser* sur Abdullah Öcalan. Énoncé par Binbaş. [Source : enregistrement de l'auteur, Alagyaz, septembre 2006]. 47, 55.

Document 19 : *Stran « mêvan-mêvan »* (invité, invité) chanté par Binbaş et son neveu. [Source : enregistrement de l'auteur, Alagyaz, septembre 2006]. 63.

Document 20 : *Stran « zozan »* (pâturage estival) chanté par Binbaş et son neveu. [Source : enregistrement de l'auteur, Alagyaz, septembre 2006]. 64, 75, 77.

Document 21 : Enterrement d'Ezo, 2005. Deuxième jour de veille. Une villageoise « au cœur brûlant » mélodise sa parole d'une voix puissante et affirmée. [Source : enregistrement de la famille d'Ezo, confié à l'auteur sur une cassette VHS en 2007]. 65, 164.

Document 22 : Enterrement d'Ezo, 2005. Deuxième jour de veille. Le frère d'Ezo, debout au centre de la pièce, pleure à chaudes larmes. [Source : enregistrement de la famille d'Ezo, confié à l'auteur sur une cassette VHS en 2007]. 65, 174.

Document 23 : Paroles sur l'exil énoncées par Altûn. [Source : enregistrement de l'auteur, Alagyaz, septembre 2007]. 68.

Document 24 : Fête des tombeaux, village de Feriq. [Source : enregistrement de l'auteur, Feriq, septembre 2006]. 70.

Document 25 : Mariage à Aygeşat. Rondes au son du *zurna* et du *dohol*. [Source : enregistrement de l'auteur, Aygeşat, avril 2006]. 75.

Document 26 : Mariage à Aygeşat. Rondes au son du *zurna* et du *dohol*. [Source : enregistrement de l'auteur, Aygeşat, avril 2006]. 75.

Document 27 : Mariage à Aygeşat. Cortège des mariés. [Source : enregistrement de l'auteur, Aygeşat, avril 2006]. 74.

Document 28 : Mariage à Aygeşat. Cortège des mariés. [Source : enregistrement de l'auteur, Aygeşat, avril 2006]. 74.

Document 29 : *Zurna* et *dohol* lors de la fête de Xidirnebi. [Source : enregistrement de l'auteur, Alagyaz, février 2007]. 76.

Document 48 : Enterrement de Yûrîk. Après la mise en terre, un repas est servi, hommes et femmes séparément. [Source : enregistrement de l'auteur, Arevik, septembre 2007]. 95.

Document 49 : Enterrement de Rexbet. Dernière nuit de veille. Dans le *xanî*, les femmes s'activent. [Source : enregistrement de l'auteur, Alagyaz, février 2007]. 96.

Document 50 : Enterrement de Rexbet. Dernière matinée de veille Sefto, musicien spécialiste d'un village voisin, fait son apparition. [Source : enregistrement de l'auteur, Alagyaz, février 2007]. 96.

Document 51 : *Kilamê ser* d'Altûn. [Source : enregistrement de l'auteur, Alagyaz, août 2007]. 97, 120.

Document 52 : *Kilamê ser* d'Altûn. [Source : enregistrement de l'auteur, Alagyaz, avril 2007]. 100, 178.

Document 53 : *Kilamê ser* de Hbo sans mélodisation. [Source : enregistrement de l'auteur, Alagyaz, février 2007]. 108.

Document 54 : *Kilamê ser* de Hbo. [Source : enregistrement de l'auteur, Alagyaz, août 2007]. 124, 154.

Document 55 : *Kilamê ser* de Hbo. [Source : enregistrement de l'auteur, Alagyaz, septembre 2007]. 124.

Document 56 : *Kilamê ser* de Şûşîk. [Source : enregistrement de l'auteur, Rya Taze, septembre 2006]. 132, 172

Document 57 : Enterrement de Jako. Trio de spécialistes : le fils d'Ali, 11 ans, chante déjà. [Source : enregistrement de la famille de Jako, confié à l'auteur sur une cassette VHS en 2007]. 140

Document 58 : Enterrement de Jako. Trio de spécialistes : le fils d'Ali, 11 ans, chante déjà. [Source : enregistrement de la famille de Jako, confié à l'auteur sur une cassette VHS en 2007]. 140

Document 59 : Enterrement d'Ezo. Ali et ses joueurs de *duduk* sont arrivés. [Source : enregistrement de la famille d'Ezo, confié à l'auteur sur une cassette VHS en 2007]. 140, 146

Document 60 : Enterrement d'Ezo. La caméra filme les portraits des défunts de la famille. [Source : enregistrement de la famille d'Ezo, confié à l'auteur sur une cassette VHS en 2007]. 140, 164

Document 61 : Mariage à Aygeşat. Une fois le repas consommé, hommes et femmes se rassemblent pour la première danse de la mariée. Celle-ci est lente et triste, c'est une danse en ronde. [Source : enregistrement de l'auteur, Aygeşat, avril 2006]. 152

Document 62 : Mariage à Aygeşat. Une fois le repas consommé, hommes et femmes se rassemblent pour la première danse de la mariée. Celle-ci est lente et triste, c'est une danse en ronde. [Source : enregistrement de l'auteur, Aygeşat, avril 2006]. 152

TABLE DES ILLUSTRATIONS

TABLE DES MATIÈRES

DEUXIÈME PARTIE

PROCÉDÉS SONORES ET POÉTIQUES
DE LA PAROLE MÉLODISÉE

TROISIÈME PARTIE

« QUE JE SOIS TON SACRIFICE »

)

13

15

Achevé d'imprimer par Corlet Numérique,
à Condé-sur-Noireau (Calvados), en avril 2013
N° d'impression : 96695 – Dépôt légal : avril 2013
Imprimé en France